COORDENAÇÃO EDITORIAL
SIMONE S. SANTOS

MULHERES QUE TRANSFORMAM MULHERES

Literare Books
INTERNATIONAL
BRASIL · EUROPA · USA · JAPÃO

PRESIDENTE
Mauricio Sita

VICE-PRESIDENTE
Alessandra Ksenhuck

DIRETORA EXECUTIVA
Julyana Rosa

DIRETORA DE PROJETOS
Gleide Santos

RELACIONAMENTO COM O CLIENTE
Claudia Pires

EDITOR
Enrico Giglio de Oliveira

EDITOR JÚNIOR
Luis Gustavo da Silva Barboza

ASSISTENTE EDITORIAL
Gabriella Meister

REVISORES
Ivani Rezende e Leo A. de Andrande

CAPA E DESIGN EDITORIAL
Lucas Yamauchi

IMPRESSÃO
Gráfica Paym

Dados Internacionais de Catalogação na Publicação (CIP) **(eDOC BRASIL, Belo Horizonte/MG)**	
M956	Mulheres que transformam mulheres: seja protagonista da sua vida / Coordenadora Simone S. Santos. – São Paulo, SP: Literare Books International, 2023. 248 p. : foto. ; 16 x 23 cm Inclui bibliografia ISBN 978-65-5922-512-5 1. Mulheres – Aspectos psicológicos. 2. Empreendedorismo. 3.Feminismo. I. Santos, Simone S. <div align="right">CDD 658.4</div>

Elaborado por Maurício Amormino Júnior – CRB6/2422

LITERARE BOOKS INTERNATIONAL LTDA.
Alameda dos Guatás, 102 – Saúde– São Paulo, SP. CEP 04053-040.
+55 11 2659-0968 | www.literarebooks.com.br
contato@literarebooks.com.br

SUMÁRIO

7   PREFÁCIO
Luiza Helena Trajano

9   A ARTE DE LIDERAR E INFLUENCIAR MULHERES
Simone S. Santos

19   FAZER O BEM FAZ MAIS BEM PARA QUEM O FAZ
Amanda Paula Paris

27   RESILIÊNCIA: MULHERES DE SUCESSO E SUAS RESSIGNIFICAÇÕES DE VIDA E TRABALHO
Ana el Achkar

35   O JULGAMENTO NOSSO DE CADA DIA: "ROGAI POR NÓS"
Andrea Peres

43   NINGUÉM SEGURA UMA MULHER COM AUTONOMIA ECONÔMICA
Andy de Santis

53   DE SELECIONADORA DE MAÇÃS A SERVIDORA PÚBLICA FEDERAL E EMPREENDEDORA: A JORNADA DE UMA MULHER VISIONÁRIA E IMPARÁVEL
Angela de Paula

61   QUANDO NASCE UMA ESCRITORA... RENASCE UMA MULHER
Bárbara Andrade

69   QUEM É VOCÊ FINANCEIRAMENTE?
Bárbara Simões

75   ADVOCACIA HUMANIZADA: ATUAÇÃO PARA TRANSFORMAR HISTÓRIAS DE VIDA
Bruna de Sillos e Mariana Vilela Corvello

83   NADA PODE TE IMPEDIR DE FLORESCER
Carina Gullo

91 SONHOS REALIZADOS
Cristiane Féres

99 O QUE TRANSFORMA A VIDA DE UMA MULHER? O AMOR! MAS, O PRÓPRIO!
Dalva C. Lourenço

107 O DESPERTAR DA MEIA-IDADE
Gaby Costa

115 COMO DESPERTAR O SEU TALENTO?
Indiara Gomes de Oliveira

123 A ECONOMIA DO CUIDADO
Ivana Portella

133 EU, AS MARIAS E O FLORESCER COM BRAVURA E DOÇURA
Jacqueline Magalhães

141 COMO A EDUCAÇÃO TRANSFORMOU A VIDA DE UMA MENINA NO MEIO AGRO
Jaqueline Huzar Novakowiski

149 COLORAÇÃO PESSOAL: UMA HISTÓRIA DE POSICIONAMENTO, REVOLUÇÃO E EMPODERAMENTO FEMININO
Larissa Gomes Oliveira

157 PERMITA-SE SONHAR, REALIZAR, VIVER E SER FELIZ
Lourdes Manhani e Layla Lu

165 A FOTOGRAFIA COMO INSTRUMENTO DE EMPODERAMENTO FEMININO
Luciana de Paula Oliveira

173 DAS ROÇAS DE CÁCERES (MT) AO MUNDO JURÍDICO
Lucineia de Souza Bazan

181 CURAR, ARAR E EDUCAR A ESCUTA DO ENCONTRO
Mariana Macahyba Marun

189 HISTÓRIAS QUE INSPIRAM HISTÓRIAS
Micaela Góes

195 EMPODERADAS PELA COMUNICAÇÃO DIGITAL: PROJETO SOCIAL COM BOROGODÓ
Pia Manfroni

205 IMPOSSÍVEL É DEUS PECAR
Roberta Ferreira

213 EXISTE HORA CERTA PARA FAZER UMA TRANSIÇÃO DE CARREIRA?
Stella Rangel

221 EMPODERAMENTO DIGITAL PARA MULHERES 60+
Tathiana Tavares

229 QUE TIPO DE MULHER EU DEVO SER?
Tatyana Azevedo

239 UM TOQUE DE MÁGICA PODE MELHORAR AS ESTRATÉGIAS DA SUA VIDA E DO SEU NEGÓCIO
Vanessa Monnerat

PREFÁCIO

Mulheres são capazes de provocar transformações por onde passam.

Nesta obra, as leitoras irão conhecer mulheres com histórias incríveis de superação e transformação e poderão se inspirar e se identificar com seus relatos de vida.

A ideia de Simone Santos, coordenadora editorial, de reunir neste livro mulheres que inspiram e transformam mulheres, é justamente incentivar a sororidade, tão importante hoje em dia.

Tenho certeza de que a leitura do livro fará com que essas mulheres transformadoras apresentadas aqui possam servir de exemplo e inspiração para muitas outras que têm potencial e, certamente, estão fazendo acontecer em suas áreas de trabalho e na sociedade.

Boa leitura!

Luiza Helena Trajano
(Presidente do Conselho do Magazine Luiza
e do Grupo Mulheres do Brasil)

1

A ARTE DE LIDERAR E INFLUENCIAR MULHERES

Você é líder? Gostaria de potencializar os seus resultados? Liderar está para além de chefiar; liderar é influenciar pessoas. O presente capítulo apresenta os diferentes perfis de liderança, as *soft skills* mais valorizadas pelo mercado de trabalho e um teste para você descobrir se é vista como líder pelas pessoas com quem convive ou trabalha.

SIMONE S. SANTOS

Simone S. Santos

Contatos
sisantoscoach@gmail.com
Instagram: @simone_santos.mentora
linkedin.com/in/simone-s-santos-escritora/
21 96432 2359

Pedagoga, mestre em Educação pela UFF, escritora, palestrante, *coach*, educadora financeira e empreendedora formada pela Academy For Women Entrepreneurs. Possui mais de 20 anos de experiência liderando equipes. Criou e coordenou cursos de pós-graduação e extensão; treinamentos para profissionais da educação e grupo de pesquisa acadêmica. Profundamente comprometida com a causa de ajudar pessoas a transformar vidas, idealizou a Mentoria de Comunicação para Líderes, por meio da qual ajuda profissionais a se tornarem líderes respeitados, a melhorarem o desempenho dos seus negócios e a criarem uma forte conexão com os colaboradores, inspirando, motivando e ajudando-os a definir e a atingir metas e objetivos.

Abro esta obra, escrita por mulheres, homenageando e honrando àquelas que vieram antes de mim: minhas ancestrais que sofreram as dores da escravidão, que dominaram a natureza e que se submeteram ao patriarcado, mulheres que tiveram que lutar para sobreviver e resistir para que chegássemos até aqui, com o direito de estudar, trabalhar, votar e amar. A elas, a minha eterna gratidão!

Antes de falar sobre liderança feminina, quero apresentar as mulheres, líderes da minha vida, que me forjaram a líder que hoje sou. A primeira é a minha mãe Maria Cícera, mulher forte, nordestina que abdicou dos seus sonhos, venceu preconceitos e humilhações para que eu e meu irmão pudéssemos estudar, conquistar nossos diplomas e realizar os nossos sonhos. Com ela, aprendi sobre determinação, e dela, herdei a força e a fé. Minha avó Oscarina Teixeira, mulher nascida no início do século passado, mas de vanguarda, que me ensinou que mulher precisa estudar, ter a sua profissão e ser independente antes de se casar; dela, eu herdei a postura e as habilidades de liderança.

A terceira é a minha madrinha Darcy Raphael. Foi ela que me ensinou sobre o otimismo. Ela dizia: "o bem não faz barulho, mas é maioria". Assim, aprendi a ter fé no futuro, fé na humanidade e fé de que tudo pode melhorar. A quarta é a tia Nancy de Carvalho, minha madrinha de crisma, que sempre esteve a meu lado para me ajudar. Com ela, aprendi sobre empatia e cooperação.

Eu sou uma Mulher negra, de origem humilde, criada por mãe solo, formada pelo ensino público, e foram essas mulheres que me fizeram acreditar que eu poderia conquistar o mundo, poderia ser o que eu quisesse ser. E honrei cada ensinamento delas. Venci o preconceito, estudei com muita dedicação, fiz meu mestrado, investi em desenvolvimento humano e assumi a missão de transformar a vida de todos que cruzassem o meu caminho e ser, para os outros, o que essas quatro mulheres foram para mim: exemplo de força, garra, determinação, realização e transformação. E, assim, tornei-me uma mulher que transforma a vida de outras mulheres.

Afinal o que é liderança?

Segundo Robbins, Judge e Sobral (2010, p. 359), liderança é a "capacidade de influenciar um conjunto de pessoas para alcançar metas e objetivos".

Liderança é conceituada como a habilidade de comandar, inspirar e influenciar pessoas. A capacidade de chefiar. Líder é, antes de tudo, aquela que faz o que precisa ser feito: ensina, estimula, delega, fornece *feedback*.

Por que liderança feminina?

> *Eu aprendi que as pessoas vão esquecer o que você disse, as pessoas vão esquecer o que você fez, mas as pessoas nunca esquecerão como você as fez sentir.*
> MAYA ANGELOU

O Programa das Nações Unidas para o Desenvolvimento (PNUD) tem um de seus seis eixos transversais dedicado ao empoderamento das mulheres e à igualdade de gênero. Para a ONU, é preciso acabar com a discriminação de gênero e empoderar as mulheres a fim de promover um desenvolvimento sustentável e ajudar no progresso econômico do país.

Desafios impostos às lideranças femininas

O primeiro desafio que uma mulher precisa vencer é a autossabotagem, que é a prática de ações que prejudicam a si mesma e estão relacionadas ao conjunto de crenças herdadas da família e das pessoas com quem convivemos. Muitas mulheres chegam a negar cargos de chefia e de maior responsabilidade por medo de não conseguirem atender às expectativas da empresa; e as que encaram o desafio, tendem a cobrar de si mesmas muito mais do que dos seus colaboradores e ainda se sentem inseguras ao encarar as equipes. Para se livrarem da autossabotagem, é preciso que estejam atentas às próprias atitudes e façam um mergulho profundo no autoconhecimento.

Outro desafio é vencer o preconceito de pessoas de ambos os sexos que ainda acreditam que as mulheres são incapazes de chefiar equipes e ajudar as empresas a prosperar.

O estilo de liderança mais humanizado e leve também sofre com a desconfiança das equipes e dos seus membros, que se sentem mais confortáveis ao lidar com gestores mais controladores. Entretanto, o maior e mais injusto desafio é conseguir conciliar as demandas familiares, impostas pela sociedade sexista, com as atividades profissionais.

A Organização Internacional do Trabalho (OIT), em sua pesquisa intitulada "Perspectivas sociais e de emprego no mundo: tendências para mulheres 2018", mostra que ainda há grande desigualdade nos países em desenvolvimento, pois 42% do trabalho feminino ainda corresponde a atividades familiares não remuneradas. A mesma pesquisa mostrou que a força de trabalho feminina no mercado de trabalho é 26,5% menor que a dos homens.

Atualmente, no Brasil, temos Mulheres se destacando como líderes de grandes empresas, dentre elas, Marina Silva, sócia-fundadora do Movimento Black Money, Ana Fontes, Presidente do Instituto Rede Mulher Empreendedora, e Luíza Helena Trajano, presidente do Magazine Luíza e do Grupo Mulheres do Brasil.

Inspirada nessas mulheres, criei uma Mentoria e minha missão é fortalecer a liderança feminina. Eu ajudo Mulheres a se tornarem Líderes respeitadas, melhorar o desempenho dos seus negócios e a criar uma forte conexão com os colaboradores, inspirando, motivando e ajudando-os a definir e a atingir metas e objetivos.

Eu trabalhei quinze anos liderando equipes; dei aula no Ensino Superior, criei e coordenei uma pós-graduação, trabalhei com treinamento, organizei grandes eventos. Apesar do sucesso na vida profissional, o excesso de trabalho e a vida desalinhada aos meus valores levaram-me à depressão.

Quando me vi no fundo do poço, percebi que a minha vida não tinha sentido. Trabalhava dia e noite e não tinha tempo para me dedicar ao que tinha de mais precioso: a minha família. Vi que havia deixado sonhos para trás, não por falta de dinheiro, mas por falta de tempo. Decidi que dali em diante priorizaria a minha felicidade, aprenderia a dizer "não" e faria só o que desejasse. Nesse processo de me reconectar com o meu próprio eu, resgatei sonhos que tinha abandonado.

Depois de investir em dezenas de formações na área do desenvolvimento humano, percebi que minha experiência como professora do ensino superior e coordenadora de equipe me trouxe uma bagagem que poderia ajudar outras mulheres a trabalhar com sucesso como líderes das suas equipes e, assim, nasceu a Mentoria de Comunicação para Mulheres Líderes.

Você sabia que os valores de um líder, suas ações e inações acabam por moldar o comportamento e a forma de trabalhar da equipe? Por isso, sempre começo fazendo um diagnóstico do estilo de liderança exercido por minhas clientes. Ao compreender seu estilo e como cada perfil precisa ser liderado, a profissional passa a ser mais assertiva e vista como uma líder de valor. A seguir, apresentarei quatro estilos de liderança: inspirador, estratégico, democrático e controlador.

A líder inspiradora é influenciadora, costuma ser próxima da equipe, liderar pela motivação e inspiração. Cria uma cultura de trabalho próspera, sempre por meio da comunicação assertiva. Sabe aquela líder que chama a sua atenção com tanta eficácia que você se sente obrigada a mudar para não a decepcionar? É ela.

A líder estrategista é visionária, cheia de ideias, não sente necessidade de envolvimento com as pessoas e tem muita necessidade de controlar os funcionários e os processos de trabalho. A Estrategista comunica o que espera da equipe: objetivos, expectativas, os resultados a serem alcançados e permite que tenham iniciativas para resolver os problemas apontados. A estrategista deixa claro o que quer da equipe, dá autonomia na forma da execução e prefere acompanhar os resultados por relatórios em vez de reuniões.

A líder democrática é incentivadora da criatividade e do trabalho colaborativo, não tem necessidade de controle nem de distanciamento. Ela tende a ser engajada, gosta de ouvir ideias, opiniões e pensamentos da equipe antes de decidir alguma ação. Costuma tomar decisões em conjunto, mas tem como grande desafio liderar pessoas que precisam de direcionamento e estratégias.

A líder controladora é uma realizadora, sabe sua missão e seu propósito, tende a fazer as coisas acontecerem. Só que ela toma a responsabilidade toda para si, tem dificuldade de delegar e tende a não valorizar a opinião dos outros. Seu grande desafio é não se sobrecarregar de trabalho. Para isso, precisa aprender a delegar mais.

E aí, conseguiu identificar que tipo de líder você é? É importante lembrar que uma equipe é composta por profissionais de diferentes perfis e, para liderá-los, temos que atender às expectativas diversas.

Para ser líder, é necessário ter algumas habilidades sociocomportamentais, que são muito valorizadas pelo mercado de trabalho. São as chamadas *soft skills:*

- organização;
- pensamento crítico;
- inteligência emocional;
- comunicação assertiva;
- criatividade;
- flexibilidade;
- cooperação;
- motivação;
- otimismo.

Algumas mulheres, apesar de possuírem as habilidades supracitadas, ficam inseguras na hora de assumir um cargo de liderança. Você se identifica com isso? A boa notícia, entretanto, é que, muitas vezes, elas já são consideradas líderes e ainda não sabem. Será que este é o seu caso?

Certa vez atendi uma profissional que coordenava uma escola e que fora convidada para dirigir outra. O desafio de imaginar-se à frente de uma equipe maior a deixou em dúvida e muitas perguntas surgiram: será que estou preparada? Será que dou conta? É uma escola nova, outra equipe, outras pessoas...

A princípio, o fato de receber um convite para liderar uma equipe significa que há quem enxerga em você um potencial que, talvez, você mesma ainda não tenha identificado.

Pode ser que você esteja passando por esse dilema e se perguntando as mesmas coisas que minha mentorada. Para ajudá-la, criei um *checklist* que a fez descobrir se já era vista como líder pelas pessoas com quem convivia.

1. Você é ouvida com atenção e costuma encantar as pessoas que a escutam?
2. Costumam lhe pedir conselhos?
3. Suas solicitações são atendidas?
4. Você consegue trabalhar em grupo respeitosamente e de forma colaborativa?
5. Sua opinião é valorizada pelos seus superiores?
6. Você gosta de ensinar o serviço a outras pessoas?
7. Pensa estrategicamente?

Se você ainda não tem um cargo de chefia, mas respondeu sim à maioria das perguntas acima, parabéns! Isso significa que você já é vista como líder pelos seus pares. Caso suas respostas tenham sido negativas, saiba que é possível adotar habilidades para liderar com maestria.

Lembre-se de que assumir a liderança é uma excelente oportunidade de crescimento profissional e, com apoio especializado e boas parcerias, a sua jornada fica mais leve. Caso precise de auxílio nesse processo, pode contar comigo.

A emoção de liderar mulheres que transformam mulheres

Trabalho liderando mulheres há mais de duas décadas e, apesar da larga experiência, liderar as coautoras desta obra foi, sem sombra de dúvida, uma grande honra! Primeiro, porque convidei para participar do livro mulheres que eu conhecia e que tinham um trabalho significativo para transformar a vida de outras mulheres.

E ao longo dos meses, o livro parece que foi criando vida e escolhendo quem ele gostaria que estivesse nele. Assim, as coautoras amigas foram me apresentando a novas coautoras pelas quais, também, fui criando admiração.

Escrever um livro e ter a sua história eternizada em uma obra é o sonho de muitas mulheres, era o meu também. Eu já realizei esse sonho em duas obras anteriores *O pão nosso de cada dia* e nas *Donas da p**** toda*. Com este livro, pude ser um canal para que outras mulheres também realizassem seu sonho de se tornarem escritoras.

Nem todas as coautoras são iniciantes. Algumas, assim como eu, já publicaram outros livros e resolveram participar deste por acreditar na proposta. Fortalecer as vozes femininas, em um momento de negação de direitos e de avanço do conservadorismo e dos casos de violência contra mulheres, é primordial.

Quantas histórias cabem em um livro? Milhares. As minhas, as de cada uma das mulheres que emprestaram suas palavras a este livro, as dos nossos antepassados, dos nossos filhos e netos e a das leitoras e leitores que cruzarão com as nossas narrativas.

Ler cada um dos textos que aqui se encontram me permitiu sentir como se fizesse uma nova pós-graduação na universidade da vida. A leitura foi repleta de emoções e resgatou muitas lembranças.

Os textos aqui contidos nos convidam a revisitar ensinamentos, a melhorar nossa produtividade, a realizar sonhos e projetos, a investir no autoconhecimento e a alcançar o sucesso.

E, afinal, o que é sucesso para você? Para mim, sucesso é ter a vida que planejei, alinhada com os meus valores e propósito, é realizar sonhos. O importante é que o seu sucesso seja determinado pelas suas escolhas, afinal "lugar de mulher é onde ela quiser".

Mulheres e homens precisam se unir para promover a igualdade de gêneros e lutar para combater a violência. Promover o empoderamento feminino é essencial para o desenvolvimento social, para combater o preconceito, diminuir as desigualdades e promover uma sociedade mais justa.

Este livro é um convite. Embarque conosco nesta jornada. Prepare seu coração, respire fundo, sente-se confortavelmente e tenha uma ótima experiência leitora.

Referências

BERGAMINI, C. W. *Liderança: administração do sentido*. São Paulo: Atlas, 2009.

ROBBINS, S. P.; JUDGE, T. A.; SOBRAL, F. *Comportamento organizacional: teoria e prática no contexto brasileiro*. São Paulo: Pearson, 2010.

2

FAZER O BEM FAZ MAIS BEM PARA QUEM O FAZ

Aqui, proponho um diálogo sobre a construção de pontes por meio da reciproci-dade. Essas pontes possibilitaram a travessia de mulheres incríveis que saíram de um estado de inquietação para um estado de encorajamento. Uma história de fé que se tornou real pelo desabrochar de uma comunidade potente que nasceu de um sentimento genuíno de curiosidade, e que impulsiona aquele passo adiante pela empatia, humildade, compartilhamento, união e honestidade. Nesse lugar seguro, cada mulher está um passo à frente, sempre tem o que agregar sobre uma pauta. Assim, nos responsabilizamos pelo crescimento uma da outra e é isso que nos torna agentes da transformação.

AMANDA PAULA PARIS

Amanda Paula Paris

Contatos
amandapaulaparis@gmail.com
LinkedIn: Amanda Paris
Instagram: @amandapaulaparis

Ariana, intensa em cada passo e engajada em suas causas cheias de significado, aguça o tempo todo seu olhar curioso ao novo, amplia seu horizonte investigando o ser humano. Adora nutrir-se de boas conversas acompanhadas de uma xícara de chá e um *Kanelbulle*. A vida se trata de dar o tom apaixonado e divertido, por isso promove encontros – os conhecidos *Fikas* – nos quais sua criatividade ganha asas para voar sobre diversas histórias que a fazem viajar no tempo na Suécia, onde vive atualmente. Bacharel em Administração e Negócios Internacionais, pós-graduada em Desenvolvimento Humano e Organizacional pela FAE Business School – Faculdade de Administração e Economia. Vencedora de dois prêmios acadêmicos de Criatividade com aplicabilidade em empresas nacionais e internacionais. Construiu sua carreira em Recursos Humanos em empresas internacionais, nas quais pôde ampliar perspectivas em vivências na América do Norte e Europa em projetos intrigantes de Desenvolvimento Organizacional. Filha do Edson e da Eunice, irmã do Gustavo e esposa do Mayco, suas maiores fontes de inspiração e motivos pelos quais ela contempla a vida com olhares adocicados e cheios de expressividade.

Aprendi que rezar todos os dias alivia a dor do peso do mundo em minhas costas, me traz respostas para tantas perguntas que me deixam insegura sobre qual o melhor caminho a seguir. Têm dias em que rezo para agradecer e outros para pedir clareza quanto ao meu chamado, mesmo com a premissa de que sou apenas um meio para contribuir para a evolução da nossa espécie, que já errou tanto no passado, nos fazendo chegar a um ponto de desequilíbrio alarmante. Partindo desse princípio e tendo a consciência de que conseguirei aguentar maiores distâncias na minha caminhada, dando passos com confiança e não necessariamente com rapidez, começo chamando você para essa conversa franca e profunda sobre doar e sem necessariamente receber.

Escrevo do lugar que chamo de lar temporário em Estocolmo – e está aí o primeiro motivo de gratidão. Abro a porta e vejo um lindo lago cheio de barcos, pessoas caminhando. Ouço o barulho de crianças pulando do *deck* de madeira e a vontade de me jogar também é grande. Por que não? Pergunto a você. É verão por aqui, o termômetro de meu celular marca 22 graus, é engraçado como nossos padrões de temperatura mudam quando enfrentamos um frio intenso por tanto tempo. Por esse motivo, entendo com facilidade o motivo pelo qual os suecos são mais distantes. O frio culturalmente afasta.

Moro aqui com meu marido há pouco mais de um ano, e desde que chegamos, acredito que a *soft skill* que mais desenvolvi foi a resiliência, ou melhor, antifragilidade, eu diria. Por quê? Bom, nesse meio tempo, passei pela transformação espiritual mais intensa da minha vida. Realizei alguns sonhos, desenhei novos e ressignifiquei alguns, encontrei um motivo forte que me mantém engajada a minha causa, e é bem a ela que me apego nos dias em que a desistência persiste em bater no peito: ser um instrumento de serviço ao próximo. Paro, sinto a brisa bagunçar meu cabelo: "É grandioso o poder que isso teve na minha trajetória", reflito, abismada.

Quando construímos uma ponte que permite a travessia do outro, geramos nele um senso de reciprocidade tão bonito, eu diria até um laço inquebrável. É como se você entrasse em um lugar de difícil acesso, profundo e honesto.

Muitos dos meus projetos começaram assim, pedindo ajuda e ajudando voluntariamente, pela simples vontade de ver a transformação acontecer (a minha e a do outro). Por isso, se você quer sair deste capítulo com apenas um *insight*, seria esse: aprenda a pedir ajuda.

Um pouco antes de vir para a Suécia, fiz um curso de *branding* pessoal revolucionário que foi fundamental para me posicionar digitalmente, entender minhas principais motivações e usar meus talentos a serviço do próximo, me vendo não apenas como uma pessoa, mas uma marca legítima e única (inclusive, se você ainda não investiu nisso, comece o quanto antes).

Ao mesmo tempo, após não ter conseguido recuperar a conta de uma das redes sociais mais populares do mundo e ter que criar uma conta do zero, percebi ali uma oportunidade: me posicionar sem medo de ser julgada. Pensei: "Se for para fazer, então vamos fazer direito", me joguei sem paraquedas. Após encontrar clareza no chamado e escrever os passos de que eu precisava dar para alcançá-lo, o medo do julgamento já não cabia aqui dentro, não havia espaço para ele mais.

Comecei, então, a seguir todas as alunas do curso, pois eu sabia que tínhamos um ponto de conexão profundo, a abertura ideal para iniciar uma conversa, afinal, já fazíamos parte de um grupo bem específico, com características similares. Lembro-me até hoje de ter abordado uma das mulheres que eu via ali como referência, pedindo ajuda sobre como ela fazia para passar uma mensagem com profundidade; eu a via como inspiração e estava com fome de aprendizado. Ela era, e ainda é, uma inspiração para mim, e até hoje agradeço a ela por tantos baldes cheios de encorajamento, com gotas de dureza, para me ajudar a sair do lado de espectadora e finalmente me tornar a tal da protagonista da minha história. E o medo? Coloquei-o no bolso e fui com medo mesmo. No início, o frio na barriga aparecia todas as vezes que eu abria a câmera para falar sobre o que eu acreditava e como eu queria que as pessoas me vissem. Levou muito tempo para as pessoas entenderem que desenvolver pessoas era o meu principal objetivo. Não foi uma, nem duas e muito menos três vezes. "Tudo que é grandioso leva tempo" – e mais uma criança se joga na água. Sinto o calor do sol na minha pele. Conecto-me novamente com o presente. Agradeço.

Realizei um sonho, e agora?

E, sim, realizei um dos maiores sonhos da minha vida e você não imagina a gratidão que eu sinto quando percebo que estou vivendo na Suécia. Estocolmo é uma cidade rodeada por ilhas lindíssimas e hoje estou em uma diferente, estou sentada de frente para a água novamente. Está quente, as pessoas celebram a chegada do verão por aqui. Você não imagina como os dias quentes fazem falta.

Logo que cheguei, não estava trabalhando, então encontrei uma oportunidade para aprender com as mulheres, alunas do curso de *branding* pessoal que mencionei anteriormente, e que já estavam bem posicionadas. Comecei, então, a convidar as alunas do curso para um papo 1:1 para estreitar nossa relação.

Ao mesmo tempo que esses encontros estavam acontecendo, paralelamente, fui apresentada à cultura nórdica e me deparei com vários conceitos que prezavam, acima de tudo, por equilíbrio de vida. Confesso que, entre eles, um em específico me chamou a atenção. Uma palavra de duas sílabas, simples de se pronunciar em qualquer lugar do mundo e de origem sueca: *fika*. Uma pausa durante seu dia para uma conversa com amigos e uma boa xícara de café.

Comunicadora que sou desde pequena, logo que cheguei, fiz amizade com uma argentina e ela me explicou o principal motivo pelo qual os cafés estavam tão cheios durante o dia: o famoso *fika,* um estado de espírito e uma atitude importante na cultura sueca.

Fika, muito mais que um conceito

E o que exatamente *fika* significa? Um momento de pausa durante o dia para se conectar com pessoas fora do ambiente de trabalho. Ou seja, reservar um tempo na agenda para compartilhar uma xícara de café (ou no meu caso, chá) e comer algo gostoso. Esse tempo é importantíssimo para refrescar a mente e fortalecer relações de confiança. Pensando em uma vertente de negócios, esse conceito faz total sentido, já que nas empresas em que o *fika* está institucionalizado, as equipes são mais engajadas e, consequentemente, entregam resultados acima do esperado.

Fiquei encantada. Comecei a incorporar esse conceito à minha rotina imediatamente e, claro, a comunicá-lo. Vi ali algo meu e me posicionei trazendo a conexão entre esse universo nórdico e o desenvolvimento humano.

De um novo estilo de vida para uma restauração coletiva

Naquele momento, uma chave virou, abrindo um espaço só meu. Espaço de pausa, reflexão e conexão. Nesse espaço, começamos a falar sobre negócios e ali começou a nascer, de forma tímida, o que hoje se transformou em uma comunidade com mais de 100 mulheres.

Após um tempo me encontrando individualmente com essas mulheres, iniciei um grupo de estudos e rodas de conversa. Ali, o principal objetivo era compartilhar o que cada uma tinha aprendido sobre os temas discutidos em cada aula, os desafios para aplicar a teoria e ser um grupo de apoio que pudesse ajudar uma à outra. Liderei essas três incríveis mulheres às quais sou grata por terem participado de todos os encontros com muito entusiasmo e engajamento. A partir dali, o nosso elo se fortificou, inclusive desenvolvemos juntas vários projetos promissores e hoje as vejo como inspiração para o meu desabrochar (que é constante). Aqui, a minha comunidade estava começando a tomar corpo, pois outras alunas também reconheceram a iniciativa em suas redes e reverberaram o movimento pós-curso. Naquele momento, o grupo já tinha um nome definido e não só falávamos apenas de estudo, mas também negócios direcionados ao encorajamento feminino.

Acordei cedinho. Inúmeras notificações em meu celular. Meu coração já saindo pela boca – "Quem morreu?", pensei. Notícia ruim chega cedo.

As professoras do curso, Nilma Quariguasi e Bruna Fioreti, parabenizaram o movimento da comunidade após o curso, inclusive repostaram alguns dos meus conteúdos para quem quisesse fazer parte. Eu não conseguia conter a minha alegria, pois a comunidade já contava com mais de 50 mulheres. Todos os dias empreendedoras interessadas apareciam e eram exatamente o tipo de mulher que eu queria comigo: aquelas que querem alcançar lugares maiores, expandir.

Conectar pessoas, ser um instrumento de aprendizado e ponte para ajudá-las a alcançar o que significa sucesso para elas é o que me movia ali, e ver isso acontecer por um movimento que eu mesma criei é chegar a um lugar de realização dentro do que é ser bem-sucedida para mim. O ciclo estava se movimentando com força, "fazer o bem faz mais bem para quem o faz", pensei e sorri, dessa vez com os olhos cheios d'água.

Fikacast, nasce um *podcast* potente

Durante um dos *fikas* com uma empreendedora incrível especialista em escrita afetiva, ela me sugeriu gravar esses encontros para que o mundo também participasse desses momentos de reflexões femininas com a gente. O que eu fiz? Bom, está no título desta seção.

Adorei a ideia e, após uns três meses, pesquisando, ou melhor, me encorajando, finalmente entendi que era o momento certo para colocar esse projeto no ar. Nesse momento, abordei uma das quatro meninas que faziam parte do grupo de estudos, já nomeado de Fika, e a convidei para puxar esse projeto comigo. O principal foco do projeto era, e ainda é, encorajar mulheres a falar sobre suas jornadas empreendedoras e seu desenvolvimento. Fazer elas ouvirem suas próprias histórias e se apropriarem do universo grandioso e potente que ali existia. Seu próprio e único universo. Ali, elas começaram a se jogar na arena e fazer o espetáculo acontecer. Exatamente no dia 22 de outubro de 2021, foi lançado o primeiro episódio. Emocionei-me.

Além desse lugar de encorajamento, o *podcast* teve um papel muito importante no meu processo: o papel de ouvir a mim mesma ocupando o meu espaço, e isso tinha força. Quando me ouço, consigo me apropriar daquilo que estou dizendo e sair daquele lugar de impostora que reluta em diminuir o ser humano que sou e que hoje sei do que é capaz.

Ali, introduzi em minha rotina um momento de pausa para aprender sobre diversos assuntos em que nunca havia me aprofundado tanto. Como se fosse uma aula gratuita com pessoas por quem tenho uma admiração imensa e que me ajudam a evoluir continuamente.

Considerações finais

"Aprendi que rezar todos os dias alivia a dor do peso do mundo em minhas costas". Essa foi a primeira frase deste capítulo, e vou fazer uma correção agora, após você ter concluído essa leitura. Na verdade, rezar permite muito mais do que isso, possibilita autoperdão, humildade, empatia, aprendizado, reflexão e misericórdia.

Aprendi, nesses tempos morando longe, que todos os meus projetos não teriam tanta força se eu não tivesse uma base sólida de encorajamento iniciada em casa. A minha família foi fundamental, mesmo tão distantes fisicamente. A reza me conecta com essa base sólida construída pelo que vi e ouvi em meu lar e me ajuda a ressignificar o que é certo por meio dos meus valores.

No final, esse pequeno fragmento que você pôde conhecer sobre mim é uma história de fé. Jamais perca a sua. Tanto a sua fé quanto sua intuição são os sentimentos mais fortes que você deve carregar para alcaçar ao que você almeja. Abra-se para receber o amor mais genuíno que algum ser pode sentir: o amor do Criador, e siga os sinais que Ele mostra para alimentar o melhor futuro para a sua vida no agora.

O *Fika* foi um desses sinais, uma restauração coletiva, segundo a escritora Marbaret Heffernan. Construí um espaço seguro de expressão genuína. Nele, hoje existem três universos: o nórdico, o brasileiro e o meu. Dessa mistura, faço multiplicar um movimento com base na empatia, em que o cuidado ao próximo está presente em todos os encontros, trocas e principalmente ações.

Portanto, um projeto como o *Fika* é como construir um lar e essa construção requer um investimento diferente. Atenção, entendimento, renúncia, perdão, ternura, afeto, companheirismo e confiança (em si e no outro) são ingredientes importantes para uma base sólida. Estou certa de que um projeto assim jamais será destruído, porque seus alicerces são invisíveis e resistentes, contra as mais ameaçadoras catástrofes. Dentro dele, dificilmente a inveja e o ódio terão lugar. Entretanto, se por acaso penetrarem sorrateiramente, serão vencidos pelo diálogo amoroso que fez parte dessa construção. As lutas podem parecer impossíveis de serem vencidas, porém a união baseada no amor tem estruturas inabaláveis.

Como diria Theodore Roosevelt: "Faça o que você pode, com o que você tem, no lugar onde você está". Não se preocupe tanto em planejar uma vida perfeita (aceite, ela jamais será), dê seu melhor para construir uma vida abundante hoje e tenha consciência de que as oportunidades aparecem no movimento.

Sentiu que bateu aí? Procure-me. Com certeza, você tem um papel importante e todas nós, mulheres que fazem parte do *Fika*, ocuparemos espaços ainda maiores, juntas.

3

RESILIÊNCIA
MULHERES DE SUCESSO E SUAS RESSIGNIFICAÇÕES DE VIDA E TRABALHO

Neste capítulo, mulheres de todos os gêneros, etnias e classes sociais são convidadas para refletirem sobre estratégias de fortalecimento das suas qualidades pessoais e de contexto, ao mesmo tempo que serão estimuladas à aprendizagem de conhecimentos que possam vir a exercer a função de fatores de proteção sobre os riscos percebidos que as fragilizam mediante as forças estressoras.

ANA EL ACHKAR

Ana El Achkar

Contatos
anaelachkar@yahoo.com.br
Instagram: @anaelachkar
www.facebook.com/ana.elachkar

Doutora e mestre, com pós-doutorado em Psicologia pela Universo/RJ. Professora adjunta do programa de pós-graduação *stricto sensu* em Psicologia da Universo/RJ. Pesquisadora do Centro de Referência e Atenção às Famílias e Profissionais Sociais – CRAFPS – da UNIVERSO em parceria com o CRAF/FURGS. Avaliadora do Sistema Nacional de Avaliação da Educação Superior – BASis INEP/MEC. Diretora acadêmica da Faculdade Lusófona do Rio de Janeiro e diretora pedagógica do Colégio Paraíso –Grupo Lusófona Brasil. Diretora científica da Coleção Psico e Pedagógicos. Certificada em Especialista em Promoção de Resiliência pela Sociedade Brasileira de Resiliência – SOBRARE. Por trabalhos voluntários e de inserção social, foi nomeada Embaixadora da Paz pelo *Cercle Universel des Ambassadeurs de la Paix–Suisse/France–* com registro na ONU.

Nesses tempos desafiadores, é importante ressaltar que, embora o mundo esteja cheio de contendas, intempéries e sofrimentos, é nesse mesmo mundo que encontramos inúmeros exemplos de superação. Nessa vertente, podemos dizer que, nos últimos dois anos, nosso trabalho, vida pessoal, e tudo o que definimos como "vida normal" foi posto à prova. A pandemia da covid-19, considerada um problema de saúde pública incitador, não somente afetou a saúde física da população global, mas também acentuou as condições de saúde mental, como estresse, ansiedade, medo, depressão e o enfurecimento populacional. Na verdade, a covid-19 revolucionou as sociedades e alterou radicalmente a vida cotidiana em todo o mundo.

Em todos os canais de comunicação, era anunciado o fechamento de todo o tipo de ambiente de trabalho e convívio coletivo, com exceção de hospitais, e adotado o distanciamento/isolamento social, conforme medida não farmacológica compreendida como estratégia de controle da propagação do contágio na população. No entanto, ficamos sem os diálogos e situações experienciadas que, eventualmente, nos levam a ressignificar a carga laboral, bem como a existencial. Nesse contexto, as nossas redes de apoio efetivas que atuam no sentido de nos ajudar a processar os eventos traumáticos de forma resiliente precisaram de nova configuração. Por dois anos, o confinamento foi uma dura realidade e foi no isolamento que inúmeros profissionais, entre os quais, em especial, as mulheres, se depararam com a necessidade de se reinventar.

Um estudo internacional, intitulado *Women in the Workplace*, realizado no ano de 2020, evidenciou que, devido às medidas de contenção da pandemia, uma em cada quatro mulheres consideraram reduzir a sua carga de trabalho ou abandonar as suas carreiras, pois o confinamento fez com que aumentassem as responsabilidades e a demanda dos afazeres domésticos. Segundo os resultados desse estudo, a crise sanitária e financeira causada pela pandemia virou a vida das pessoas e os locais de trabalho de cabeça para baixo. As mulheres, em particular, foram impactadas negativamente, e três grupos passaram a enfrentar desafios distintos: mães, mulheres de nível superior e mulheres negras. No entanto, a pesquisa ressalta que as mulheres demonstraram possuir uma natureza muito resiliente.

Todas essas evidências nos convocam a conversar a respeito de resiliência, pois é necessário que se compreenda que não se trata de uma competência, habilidade ou característica desse ou daquele indivíduo, dessa ou daquela mulher. É preciso, de uma vez por todas, compreender a resiliência como um fenômeno processual, multifatorial e sistêmico, que pode ser aprendido por todos, sem distinção.

Resiliência, fenômeno humano e multiprocessual

Em uma sociedade caracterizada pela injustiça social e pelas desigualdades existentes, há aqueles indivíduos que se encontram em busca de estratégias as quais permitam resgatar a autoestima e valorizar as capacidades individuais, em prol de uma coletividade. De modo geral, as pesquisas indicam que, dependendo do tipo das relações interpessoais e do apoio social recebido nesses ambientes, processos de resiliência podem ser desenvolvidos e as vulnerabilidades, superadas.

Seguindo essa premissa, as controvérsias sobre significados e perspectivas sobre resiliência, como fenômeno humano, ainda são inúmeras. No entanto, é da uniformidade de opiniões que se trata de um construto, o qual apresenta um destaque na saúde e encontra interfaces com práticas de proteção, gestão positiva de recursos psicossociais e de promoção de bem-estar (YUNES, 2003). No caminhar dessas ações, alguns fenômenos reveladores de vida saudável têm sido mencionados como sistemas de adaptação ao longo do desenvolvimento, entre os quais destacamos a resiliência.

Estudos sobre o comportamento humano, em contextos determinados e de forma sistêmica, vêm ampliando o termo e o interpretam como processo e produto de interações do indivíduo com seu contexto ecológico, percebendo-o de forma dinâmica e influenciado por uma competência em realizar tais interações e de auto-organizar respostas frente às modificações que se operam em seu contexto bioecológico. Contudo, esses mesmos estudos fazem um alerta para a necessidade de se relativizar, em função do sujeito e do contexto, o sentido de superação. Isso porque o termo "resiliência" está relacionado à superação, diante de uma dificuldade considerada como um risco percebido, possibilitando construir novos caminhos de vida e de um processo subjetivo para o enfrentamento das situações estressantes. A conclusão a qual se chega é que a resiliência é a possibilidade de superação do problema por meio da sua ressignificação e não da eliminação dele.

A condição de adaptação, aqui apresentada, está longe de ser sinônimo de conformação, de manter-se na zona de conforto, e próxima de uma forma de ajustamento bem-sucedida. Pode-se dizer que o modo correto de entender resiliência está pautado no sistema de crenças do indivíduo, com destaque aos processos geradores de bem-estar, em vez de centrar na adversidade ou na patologia, pois o objetivo da resiliência é focar em transformações com base nas dimensões da saúde mental, social e espiritual.

A desenvoltura e os relacionamentos entre mulheres como fatores protetivos e promotores de resiliência

Mulheres de todos os gêneros, etnias e classes sociais são convidadas para refletirem sobre estratégias de fortalecimento das suas qualidades pessoais e de contexto, ao mesmo tempo que precisam ser estimuladas à aprendizagem de conhecimentos que possam vir a exercer a função de fatores de proteção sobre os riscos percebidos que as fragilizam mediante as forças estressoras. Os impactos desproporcionalmente negativos sobre nós, mulheres, não estão apenas nos afetando hoje, mas, provavelmente, continuarão no futuro. Impactos negativos, não somente da pandemia, mas desse nosso sistema machista, repleto de crenças misóginas, violentas e discriminatórias. Um impacto que não podemos ignorar é o aumento da violência doméstica contra a mulher durante a pandemia (VASCONCELOS *et. al.*, 2021).

Embora seja fácil mergulhar em todas as estatísticas sociais negativas que atuam contra a mulher, principalmente no que se refere ao desenvolvimento e à valorização profissional, reitero o que já foi, aqui, registrado: as mulheres são de natureza resiliente, engenhosas e solidárias de alma. Além disso, as mulheres estão compreendendo a cada dia mais a importância da sororidade, pois esta envolve um sentimento de irmandade, empatia, solidariedade e companheirismo. Isso significa respeito e admiração ativados pela identidade de gênero que nos dá uma vantagem nos processos de ressignificação e de reinvenção da vida nos processos de resiliência.

Mulheres, é preciso aprender a reconhecer as próprias fortalezas, as características positivas e celebrar os pequenos sucessos de cada dia. Comemorar, reconhecer-se e valorizar-se é importante para o bem-estar. Além do reconhecimento das próprias virtudes e do festejo das pequenas alegrias, expressar gratidão exerce um impacto positivo e melhora a nossa qualidade de vida (REPPOLD *et. al.*, 2019). Entretanto, a gratidão precisa começar pelo reconhecimento de nós mesmas. Escrevo isso porque um dos fatores mais preponderantes na felicidade e motivação é a capacidade de construirmos senso de progresso. De nos concentrarmos em desafios que aumentem nossas habilidades e são importantes para nós. Aprender uma nova habilidade e depois ensiná-la a outros, atuando com autoeficácia, pode levar à realização. É imprescindível estar interessado na vida. E seja lá o que for importante para você fazer, faça-o com plenitude.

Ajudar os outros também ajuda você. Isso pode ser feito na forma de trabalho voluntário ou, simplesmente, de conectar amigos ou conhecidos que poderiam se beneficiar ao se conhecer, compartilhar de um conhecimento com alguém interessado no assunto. Concentre-se em como suas ações e a sua expressividade nos grupos sociais dos quais você faz parte contribuem para um melhor e positivo relacionamento com seus pares. Considere orientar alguém. Ensinar algo nos leva, também, a apreender a lição ensinada.

Busque se reconectar com as comunidades e os nichos que são importantes e trazem sentido para você. Além disso, procure encontrar propósito nas rotinas diárias, pois a forma como você encara o seu trabalho e as suas relações pode melhorar a sua sensação de satisfação com a vida.

Desenvolva o autoconhecimento. Entre em contato com suas emoções. O autoconhecimento faz com que o indivíduo tenha cada vez mais controle sobre o que sente. Amadureça a ponto de se permitir procurar por ajuda profissional ao perceber que não está conseguindo administrar o que lhe acontece emocionalmente. Acredite, quando se tem ajuda de um especialista, é possível saber quais e como as experiências vivenciadas nos tornaram o que somos hoje, podendo redirecionar o que precisa ser ajustado e resolvido e, assim, evitar problemas, como a baixa autoestima, instabilidade emocional, *burnout,* ansiedade, depressão e outros.

Além desses passos, busque uma conexão com a transcendência, pois a espiritualidade exerce função de fator de proteção e uma possibilidade ativa para o desenvolvimento dos processos de resiliência. Além de ser um excelente investimento na saúde mental, física e social (LEÃO, 2020).

No mundo atual, manter a saúde é cada vez mais importante. Dessa forma, a construção do pensamento e o comportamento resilientes tornaram-se um elemento da saúde preventiva, porque ficou provado que a resiliência, entendida como processos, pode ser desenvolvida em qualquer idade ou é possível, ao longo da vida, reunir recursos que ajudem a criar uma constelação de resiliência.

Finalizo com a seguinte reflexão: o conceito de resiliência e seus desdobramentos devem se alicerçar na importância da sustentabilidade e na oportunidade de debates acerca de políticas públicas sociais que enfoquem a saúde e o bem-estar individual e coletivo com garantia plena dos direitos fundamentais de crianças, adolescentes, homens e mulheres, famílias e comunidades. Para tanto, práticas positivas de bons olhares e bons tratos resultarão em oportunidades para o desenvolvimento pessoal, familiar e comunitário, seja na condição de risco e vulnerabilidades que for.

Agradeço o privilégio de poder me comunicar com um público imensurável e diversificado, por meio desta obra. Que este texto sirva como instrumento de reflexões e proposições para todos aqueles e aquelas que buscam se metamorfosear e transcender, diante dos desafios impostos pela vida. Tanto os caminhos quanto os sentidos, temos que construir caminhando... e sentindo...

Que esta leitura seja bússola!

Referências

LEÃO, E. *Resiliência e espiritualidade*. Pontos de encontros e novas perspectivas. Curitiba: Appris, 2020.

McKINSEY& COMPANY. *Women in the workplace: about the study*. Disponível em: <https://womenintheworkplace.com/2020>. Acesso em: 25 nov. de 2022.

REPPOLD, C. T. *et al. Felicidade como produto: um olhar crítico sobre a ciência da psicologia positiva*. Aval. Psicol., Itatiba, 18 (4), pp. 333-342, 2019.

VASCONCELOS *et al.* (2021). Impactos da pandemia covid-19 nos casos de violência. *Barbarói*, Santa Cruz do Sul, 60, pp. 38-62.

WORLD HEALTH ORGANIZATION (WHO). Corona virus Disease (Covid-19). Situation report – 62. Genebra, 2022.

YUNES, M. A. M. Psicologia positiva e resiliência: o foco no indivíduo e na família [Positive psychology and resilience: Focus on the individual and families]. *Psicologia em estudo*, 8, pp. 75-84, 2003.

4

O JULGAMENTO NOSSO DE CADA DIA
"ROGAI POR NÓS"

Duas histórias. Duas vidas. Aparentemente descontínuas, revelam a continuidade do suplício vivido por cada mulher nas estruturas intangíveis da nossa sociedade. O nascer e o morrer de uma mulher bailam em um jogo de luz e sombra, no tilintar de um fórceps, arrancam a nossa alma e a nossa carne em uma dor inconfessável. Violentadas, sofremos. Violentadas, nos calamos. Não mais! Resistiremos e viveremos para contar uma nova história.

ANDREA PERES

Andrea Peres

Contatos
Instagram: @andreaperesadv
andrea.peres@yahoo.com
21 96455 4235

Escritora, advogada feminista e especialista em Direito das Famílias e Sucessões pela Fundação Escola do Ministério Público do Estado do Rio Grande do Sul. É sócia-fundadora do Escritório de Advocacia Larangeira Advogados Associados S/S na cidade de São Gonçalo/RJ. Licenciada em Letras pela Universidade do Estado do Rio de Janeiro (UERJ) e pós-graduada em Linguística Aplicada pelo Instituto de Letras da Universidade Federal Fluminense (UFF). Professora vinculada à Secretaria de Estado de Ciência e Tecnologia do Rio de Janeiro há mais de 20 anos. Estudou no Pine Manor College em Chestnut Hill, Massachussetts, Estados Unidos.

S ábado. Chegou à emergência de uma maternidade pública por volta das 10 horas da manhã. Era uma gestante de 38 semanas. Não havia faltado a nenhuma consulta de pré-natal. Em casa, o quarto da filha já estava pronto. O nome da criança já havia sido escolhido. A bagagem da maternidade anunciava quem havia de chegar em breve.

A futura mamãe preocupada, pois sabia da impossibilidade de o bebê nascer de parto normal em decorrência da hipertensão gestacional, estava passando mal, contudo sentia conforto ao receber os chutes de sua filha em suas entranhas. Após a espera, entrou na sala de triagem: desacompanhada. O coração do bebê foi ouvido, a pressão arterial foi aferida e estava dentro dos padrões.

Apesar de ter informado que era paciente com histórico de pré-eclâmpsia, o médico não examinou a paciente. A enfermeira, provavelmente obstétrica, realizou o toque. A gestante foi informada de que eram as dores de dilatação – cólica de treinamento. Nada foi receitado para a dor. A mãe foi enviada para casa para esperar o momento de ter a criança. Segundo a enfermeira, o bebê poderia ainda esperar por dois dias, até a segunda-feira, quando a gestante seria internada.

Às 19h30 desse mesmo dia, a paciente retornou à referida instituição. Sentia fortes cólicas, não aguentava ficar de pé. Esperou por quase meia hora na sala de espera. Adentrou à sala de triagem desacompanhada. Após o exame do toque, a fralda foi colocada na paciente, que sentia dores fortes.

Já na sala de pré-parto, desacompanhada, o terceiro exame do toque: sangramento. Encaminhou-se a paciente para a sala de ultrassonografia. Em seguida, a mãe da paciente gestante foi chamada e informada de que o bebê estava morto. Todas as etapas seguintes foram efetuadas sem acompanhante. Na enfermaria, após o procedimento, a dor de ver as outras mães com seus bebês.

Os pés já apertados no salto de todo dia, o último compromisso da agenda: eis que um fato inusitado anunciado nos jornais que circulavam naquele dia tomou espaço, um caloroso debate naquele recinto.

A acusação apresenta o caso daquele fim de tarde fúnebre. O dia estava chuvoso, como se já anunciasse a tragédia discursiva que eu estava prestes a fazer parte como expectadora.

No dia anterior a este famigerado dia, a mídia local anunciara a investigação que se instaurou em decorrência do óbito de uma relevante quantidade de fetos mortos (FM) em uma determinada maternidade pública daquele local.

A acusação começa seu argumento afirmando que o que estava ocorrendo naquele mencionado local era um verdadeiro homicídio. Aduziu que sonhos estavam sendo ceifados e que o direito constitucional ao planejamento familiar estava sendo vilipendiado. O orador afirmava veemente que a má gestão dos recursos públicos e a falta de fiscalização eram responsáveis por aquelas mortes.

O alvoroço tomou conta daquele lugar, foi um reboliço. Via-se que a palavra "homicídio" havia gerado um incômodo generalizado entre os participantes. De pronto, a defesa para apresentação da linha argumentativa; foram inúmeros os oradores inscritos para apresentarem seus argumentos.

Em defesa do chefe do Executivo, afirmou-se que a culpa de esses fetos terem vindo a óbito era da mulher, que não fazia o pré-natal de forma adequada. Ainda nessa perspectiva, insinuou que as gestantes contraíam doenças sexualmente transmissíveis, tais como sífilis, e por tal motivo o número de fetos mortos decorreu especialmente desse quadro de infecção. Além disso, asseverou-se que o relevante número de FMs decorria, também, do fato de a mulher não se alimentar bem.

Em defesa das mulheres, timidamente, declarou o orador que as mães deixavam de fazer o pré-natal pela falta de estrutura no atendimento primário.

Em defesa da classe médica, um médico especializado em obstetrícia toma a palavra e desclassifica todas as críticas dos antecessores, haja vista ele ser o único que possuía formação em medicina. Acrescentou que a causa principal de morte intrauterina eram a infecção urinária e a infecção decorrente de doenças sexualmente transmissíveis.

Quanto à questão da negligência, não decorria dos médicos, mas das pacientes, que eram negligentes com a própria saúde. Apresentou ainda a segunda causa da morte fetal, qual seja, a asfixia do feto, e assegurou que não eram os médicos que colocavam suas mãos no útero da mãe para enforcar os fetos com o cordão umbilical.

Por fim, toda a defesa presente, admirada, idolatrava as palavras do médico especialista em obstetrícia. Agradecia-o pela magna aula e por demonstrar que aqueles óbitos não decorriam de homicídio, do ato de matar alguém, mas das incertezas da própria vida; agradecia-se também por toda a tese argumentativa da defesa apresentada.

Esperei pela defesa das mulheres, mas isso não aconteceu. Algumas expectadoras inquietas falavam alto no auditório na tentativa de defender-se daquele escrutínio. Enquanto isso, alguns homens se retiravam da plateia incomodados com aqueles comentários desagradáveis proferidos por essas mulheres presentes na plateia.

Presumi que aquele "tribunal" instaurado naquela casa legislativa teria um propósito: fazer justiça. Entretanto, não se julgou o sistema, nem a administração pública, mas a Mulher, que foi mais uma vez deslocada do papel de vítima para o lugar de ré.

O veredito final: as mulheres foram julgadas e condenadas pela morte daqueles fetos, após a exposição brilhante daquele médico. O poder médico e os oradores daquele plenário legislativo nem mesmo mencionaram a desigualdade social que assola o nosso país; a falta de políticas públicas para mulheres gestantes (especialmente para os casos de hipertensão e hemorragia); a falha no atendimento primário nos equipamentos públicos – por último, mas não menos importante – a falta de políticas públicas que garantam a saúde integral da Mulher. Nenhum desses elementos foram trazidos ao banco do réu para serem julgados como cúmplices nos supostos homicídios: Somos as assassinas!

Como em um tribunal cotidiano, em nenhum momento foi possível notar algum traço teatral explícito na conduta daqueles parlamentares. Pareciam homens comuns, não pareciam monstros, não se portavam como monstros. Eram homens comuns, portavam-se educadamente, falavam o mais polidamente possível, buscavam uns nos outros esforços para estranhamente defender a gestão daquele governante. E, estranhamente, não se viam como cúmplices naqueles ditos "homicídios" que estavam sendo denunciados na notícia jornalística.

No banco dos réus, não foi julgada somente a Mulher gestante usuária do sistema único de saúde, mas todas nós, mulheres, que, ao longo da história, colocamos nossos corpos à disposição para procriar, a fim de dar continuidade à espécie humana. Talvez estes homens saibam "que o sistema que consegue destruir suas vítimas antes que elas subam ao cadafalso... é incomparavelmente melhor" para nos manter em submissão.

Foi exatamente o fracasso da defesa das mulheres que permitiu que a consequência "horripilante das atrocidades" cometidas contra as mulheres se tornasse a causa das mortes dos próprios filhos, como se o fato de os perder já não fosse punição suficiente.

Sob certos aspectos, as lições depreendidas eram enganosas; contudo, tentar entender a mediocridade discursiva e os simulacros com os quais esses homens responsáveis pela máquina pública dialogam é de fundamental importância para quebrar o silêncio do mandato patriarcal que nos imputa às masmorras de nossos lares, onde muitas de nós são cruelmente mortas.

Dessa maneira, essa disseminação de discursos contra a Mulher atravessa gerações, de forma a ressignificar esse movimento catártico, tão naturalizado no qual a violência é confessada e, por vezes, enaltecida. Subjugar mulheres, humilhá-las é algo que é ensinado e celebrado em nossa cultura, nos meios de comunicação. Aquilo que deveria ser a vergonha se torna um estandarte que coloniza cultura, produção cultural de massa e a alta cultura burguesa.

A criação da Lei Maria da Penha, por exemplo, é uma política afirmativa que surge como vacina contra essa cultura machista ensinada aos homens, segundo a qual estes precisam dominar a Mulher, caso contrário eles serão dominados por essa "Mulher volúvel como pluma ao vento, que muda de palavra e de pensamento, sempre um amável e gracioso rosto em pranto ou em riso mentiroso".

Nesse cenário legislativo, ainda é necessário avanço, visto que a variação da efetividade dessa política pública se apresenta diferentemente de acordo com a ideologia dos representantes de uma cidade. De acordo com pesquisas, municípios que apresentam o eleitorado mais conservador não desenvolvem planos eficientes de combate à violência contra mulher.

O fato de o eleitorado influenciar políticas públicas é algo extremamente positivo, todavia é necessário que nós, mulheres, estejamos atentas a esse perfil dentro da Casa Legislativa Municipal, haja vista que os planos de enfrentamento municipais são de suma importância. Somente um abrigo de proteção à Mulher, por exemplo, não resolve esse problema social crônico, outras políticas públicas, tais como a implementação de delegacias especializadas, políticas de policiamento de proximidade, bem como políticas de fomento à empregabilidade da Mulher são entre outros fatores essenciais no plano de eficácia da Lei.

Saibam, mulheres, que discursos sobre o nosso empoderamento político, sobre a igualdade social e material da Mulher, que hoje estão no centro do debate na esfera pública, incomodam aos homens. É importante não olvidar que esses homens não estão dispostos a renunciar ao poder e não desejam dividi-lo ao abrir espaço para nós.

A nós, mulheres, existem forças que nos impõem a vida privada, mas nós queremos a vida pública, queremos participar dela, pois esse expediente imposto a nós é de aniquilação. Para isso, é necessário entender quem somos, como vivemos, de onde viemos e como somos vistas. Em sendo assim, podemos lutar para deixar a pressão das incumbências que a nós é imposta e que, por vezes, nos faz recuar para ideias e modos de comportamentos preexistentes, tais como os sonhos de maternidade e a esperança do amor eterno.

Tal enfrentamento exige a desconstrução dos elementos fragmentários da ideia do amor romântico que ainda ecoam fortemente na estrutura social brasileira. Apesar de termos certo controle sobre nossas vidas pelo trabalho remunerado e da importância da formação profissional como base para nossa autonomia, ainda temos o desejo do relacionamento ideal, a ideia de ser amada e amar, de cuidar e ser cuidada, e em alguns casos esse desejo pode acabar por tomar de nós grande parte da energia emocional que poderia ser investida na luta por nossa emancipação das masmorras da vida privada, que nos algema de forma invisível a esse "eterno retorno" a ideia de romance e sexualidade.

Apesar do exposto, não estamos a afirmar que os homens não tenham em si esses elementos do romance, todavia esses elementos são mais fortemente presentes em nós e, especialmente, impregnados no inconsciente coletivo. Assim sendo, enquanto não houver efetivo reconhecimento da importância desse papel do cuidado que é desempenhado pela Mulher e, somado a isso, políticas que despertem para divisão equânime do cuidar, mulheres continuarão a abandonar postos de trabalho e o ciclo de dependência material e emocional da Mulher se perpetuará.

Faz-se imprescindível olhar para além da pragmática social em que vivemos, para além do olhar dessa tentativa de se criticar o conceito da masculinidade hegemônica. Pois o homem também recebe estímulos sociais, econômicos, históricos e culturais e sofre como qualquer um com as crises de identidade decorrentes de movimentos diversos.

Mas também é necessário olhar para o machismo como a afirmação dessa masculinidade, que acaba por nos colocar em julgamentos cotidianos como o narrado acima. Lugares em que a dominância de gênero é ubíqua e que guiam nossas decisões pela vida.

Olhar para esses tribunais como uma luta entre o bem e o mal pode despertar um "autorreferencial negativo" e, possivelmente, estaremos fadadas a ter uma visão equivocada desse problema, em relação ao qual, para o homem, é natural falar assim de uma mulher. É indispensável ter em mente que gênero é uma estrutura simbólica de dominação que fundamenta a cultura do estupro, do feminicídio, da violência doméstica e de todo o tipo de violência contra a Mulher.

Silenciar diante desses julgamentos pode nos colocar com o mal que pretendemos evitar. Sendo assim, para que tenhamos esperança de lutar nessa arena em que a vida é carregada de hierarquia de gênero e luta de gênero, precisamos entender contra o que lutamos. Mulheres, uni-vos!

Referências

ARENDT, H. *Einchmann em Jerusalém. Um relato sobre a banalidade do mal.* São Paulo: Companhia das Letras, 1999.

GIDDENS, A. *A transformação da intimidade: sexualidade, amor e erotismo nas sociedades modernas.* São Paulo: Editora Unesp, 1993.

GIUSEPPE VERDI. Rigoletto. Ato III: La Donna è Mobile (1851).

LOURO, G. L. *Gênero, sexualidade e educação. Uma perspectiva pós-estruturalista.* 16 ed. Rio de Janeiro: Vozes, 2020.

5

NINGUÉM SEGURA UMA MULHER COM AUTONOMIA ECONÔMICA

Embora boa parte das residências seja comandada por mulheres e muitas de nós já tenhamos conquistado a independência financeira, podemos dizer que temos autonomia econômica? Neste capítulo, discutimos o papel das mulheres na economia, apresentamos alguns de nossos dilemas na relação com o dinheiro, questionamos a quem interessa nos manter dependentes e o que podemos conquistar quando nos empoderamos economicamente.

ANDY DE SANTIS

Foto por Mário Coelho
Instagram: @mgcoelhofoto

Andy de Santis

Contatos
www.andydesantis.com.br
contato@andydesantis.com.br
Instagram: @dinheiro_na_roda
11 99162 8060

Andy de Santis é educadora, escritora, orientadora de finanças pessoais, docente e consultora nas áreas de educação econômica, sustentabilidade e consumo consciente. Mestre em Educação pela PUC-SP, pós-graduada em Finanças, Investimentos e *Banking* pela PUC-RS, especialista em Psicologia Econômica pela FIPECAFI, Gestão Responsável Para a Sustentabilidade pela Fundação Dom Cabral e Marketing de Serviços pela FGV. Pós-graduada em Marketing pela Universidade Presbiteriana Mackenzie e graduada em Comunicação Social pela ESPM. Autora dos livros *Liberdade financeira ao alcance de todos*; *Educador financeiro: um novo sentido ao papel do bancário na sociedade*; *Mulheres e dinheiro: uma delicada relação;* coleções didáticas "Lições de Valor" e "El Valor de Las Cosas".

Enquanto escrevo estas linhas, milhões de meninas e mulheres mundo afora trabalham cuidando de suas casas, seus filhos, pais, irmãos, pessoas doentes e não recebem um centavo por isso. De acordo com o relatório "Economia do Cuidado", do Laboratório ThinkOlga, se pudéssemos contabilizar todo o trabalho não remunerado realizado por mulheres e meninas no Brasil, o valor equivaleria a 11% do PIB nacional, superando a indústria e o agronegócio no País.

Quantas mulheres tiveram que trabalhar de graça para que eu pudesse estar aqui escrevendo este artigo? Certamente, foram muitas. É a elas que desejo honrar quando escolho falar sobre o empoderamento financeiro feminino.

Venho de uma família formada por mulheres fortes, que, ao contrário de tantas outras, sempre ganharam seu sustento. Minha avó paterna vendia produtos cosméticos de porta em porta enquanto cuidava de quatro filhos. Minhas tias seguiram os passos da mãe e começaram cedo a trabalhar no comércio.

Minha bisavó materna rompeu com as tradições da época, se separou do marido e foi administrar uma hospedaria para ganhar a vida. Minha avó, filha mais velha de cinco irmãos, ajudava a mãe enquanto cuidava dos menores. Conseguiu estudar até o primário e, em sua juventude, sonhava em ser advogada, lutar por justiça nos tribunais. Porém, quando se casou e engravidou, abandonou o plano, que parecia ambicioso demais para sua época. Enquanto cuidava da casa, do marido, da filha e, mais tarde, da neta (eu), também costurava e fazia um "dinheirinho" para seus gastos pessoais.

Seu sonho era ver sua filha estudar, se formar e ser independente. E sonhou com tanto empenho que minha mãe assim o fez. Estudou Direito e se formou, foi primeira na família a ter ensino superior. Minha mãe se casou, engravidou, se divorciou e mudou de cidade, levando a filha (eu) a tiracolo. Construiu sua independência com garra e passou maus bocados na carreira. Foi assediada em ambientes masculinos que não a respeitavam, ganhou menos do que seus colegas do sexo masculino e teve que se dedicar além da conta para mostrar a que veio. Ela me dizia: "Seja independente, construa sua história. Não dependa de ninguém e não deixe ninguém dominar você".

Eu segui seus ensinamentos à risca. Estudei, entrei para a faculdade e trabalhei em grandes empresas. Fui morar sozinha no mesmo apartamento que meus pais compraram quando se casaram e que, em vez de vender, deixaram para mim após o divórcio, atendendo ao pedido da minha avó, guardiã da justiça na família.

O meu primeiro carro foi fruto do trabalho da minha mãe, e a faculdade foi paga pelo meu pai. Procurei honrar esse legado por meio do trabalho e de muitos anos de estudo. Casei-me e tive uma filha, hoje adolescente. Quero que ela seja independente, estude, trabalhe, construa seu futuro, honre a potência das mulheres que abriram o caminho para que ela tenha seus direitos e oportunidades.

Embora compreenda e exalte as conquistas femininas ao longo do curto período em que conto a história da minha família, sei que ainda temos um longo caminho a trilhar para que possamos construir a liberdade nesse sistema patriarcal e machista. Por isso, escolhi trabalhar com empoderamento financeiro feminino. Acredito que ninguém segura uma mulher com autonomia financeira.

Atualmente, cerca de 45% dos lares brasileiros são chefiados por mulheres[1], 56% das mulheres estão à frente do orçamento doméstico no país[2] e o aumento da participação feminina no mercado de trabalho reduziu em 15%[3] a pobreza no Brasil. Ano após ano, as mulheres vêm ampliando sua participação nos espaços de poder, seja empreendendo os próprios negócios, à frente de grandes empresas, ocupando cadeiras nos parlamentos ou liderando organizações não governamentais.

São conquistas importantes, se lembrarmos que, até 1932, era ilegal uma mulher votar e, somente em 1962, as mulheres casadas conquistaram o direito de trabalhar, abrir conta em banco, viajar ou ter um comércio sem precisar da autorização dos maridos. Mas cem anos de mudanças na estrutura é pouco tempo para transformar a mentalidade. Alcançar a independência econômica não é o mesmo que sentir autonomia e segurança para tomar

---

1 Fonte: Retrato das desigualdades de gênero e raça do instituto de pesquisa econômica aplicada (Ipea).

2 Fonte: Observatório Febraban (2020).

3 Fonte: Banco mundial.

Mulheres que transformam mulheres

decisões financeiras. O que resulta em pensamentos limitantes nas mulheres sobre a capacidade de gerar e lidar com o dinheiro.

Pare e pense um pouco sobre as perguntas a seguir. De 0 a 10, que nota você daria para sua capacidade de...

- Cobrar uma dívida?
- Pedir um aumento?
- Gerenciar as finanças do seu negócio?
- Colocar o valor justo no seu trabalho?
- Defender seus honorários?
- Trabalhar sem culpa?

Talvez você seja bem resolvida com as questões financeiras, mas boa parte das mulheres se sente bloqueada para tomar as rédeas das finanças. Em uma recente oficina que conduzi com um grupo de mulheres, ouvi depoimentos como:

"Eu tenho dificuldade de cobrar dívidas porque imagino que vão me achar mesquinha, gananciosa".

"Mesmo entendendo de finanças, eu peço para meu sócio negociar com o banco, porque me sinto fraca e acabo cedendo às pressões do gerente".

"Meu maior desafio é pedir aumento/definir o preço do meu trabalho, sei que outros colegas (homens) ganham/cobram mais do que eu, mas eu não consigo me posicionar nessa questão".

"Eu sinto prazer em trabalhar e fazer meu negócio crescer, mas tenho vergonha de dizer que às vezes prefiro estar trabalhando a ficar com a família".

"Quando eu fico pensando em dinheiro, me sinto fria, calculista e egoísta".

"Quanto mais dinheiro eu tenho, menos os homens se interessam por mim".

Depois de alguns anos atendendo mulheres e ouvindo depoimentos desse tipo, descobri Clara Coria, uma psicóloga argentina, autora do livro *O sexo oculto do dinheiro: formas de dependência feminina*. A leitura desse livro me abriu os olhos para alguns fatores propositalmente engendrados em nossa sociedade para reforçar esse tipo de crença.

Segundo a autora: "O dinheiro, onipresente na vida cotidiana e inevitável na interação social – em nossa cultura – é, porém, silenciado e omitido em muitos aspectos. Estas omissões não são ingênuas ou inócuas. Respondem a crenças e interesses" (CORIA, 1996).

Em seu livro, ela sustenta que as limitações femininas para lidar com dinheiro se originam na ideologia patriarcal, ligada às tradições romana e judaico-cristã, que giram em torno da suposição básica da inferioridade da mulher e da superioridade do homem.

Segundo a ideologia patriarcal, o papel do homem é conquistar e prover, enquanto a função da mulher está na maternidade e no lar. O homem deve produzir (dinheiro) e ocupar a esfera pública (mundo), enquanto o papel da mulher é reproduzir (filhos) e dominar a esfera privada (casa). O objetivo dessa ideologia, portanto, é perpetuar a subordinação da mulher e manter metade da população mundial marginalizada economicamente.

Não é por acaso que, na Bíblia sagrada, Deus é homem e as figuras femininas mais conhecidas são uma virgem imaculada que se tornou mãe e ama incondicionalmente seu filho, e uma prostituta que não tem valor nenhum. Ou seja, a função da mulher é determinada pela forma como ela se relaciona com os homens. E só!

Enquanto isso, mulheres sábias, curandeiras e benzedeiras, que tinham a capacidade de transformar o mundo à sua volta a partir de suas intenções, foram queimadas e perseguidas como bruxas enviadas pelo Diabo. Pam Grossman (KITAISKAIA, 2021) afirma que "a bruxa é o único arquétipo feminino que tem poder por si mesma. Ela não é definida por mais ninguém. Esposa, mãe, virgem, prostituta – esses arquétipos encontram sentido com base em relações com outros. A bruxa, contudo, é uma mulher que está inteiramente por conta própria". As mulheres independentes da história foram perseguidas e queimadas.

Voltando ao dinheiro, o que ele representa na nossa sociedade? Um instrumento de poder, ação e transformação. Uma ferramenta de empoderamento, de independência e autonomia. Uma energia capaz de transformar, criar e fazer ideias crescerem. É muito poder, que nas mãos "erradas", pode fazer estragos. Assim, seria muito arriscado permitir a autonomia econômica feminina dentro de uma sociedade de ideologia patriarcal.

Como já dissemos, a autonomia econômica não é só ter acesso ao dinheiro, mas sentir-se com direito a possuí-lo e administrá-lo livre de culpas, tomando decisões de acordo com os próprios critérios.

Historicamente, o acesso à vida pública e ao dinheiro sempre esteve nas mãos dos homens, que podiam decidir como usá-lo. As primeiras mulheres que desenvolveram uma atividade no âmbito público em troca de dinheiro foram as prostitutas. Então, podemos dizer que o "homem público" é dedicado a funções de governo, empreendimentos e tarefas comunitárias, enquanto a "mulher pública" é dedicada à prostituição.

Consegue perceber como esse estigma histórico pode ter relação com as nossas limitações sobre lidar com dinheiro atualmente? Basicamente, a ideologia patriarcal nos faz acreditar que a soma entre mulher, dinheiro e esfera pública é igual à prostituição. Enquanto a virgem, representada por Maria, é mãe, ser assexuado, núcleo da família e distante do dinheiro; a prostituta, representada por Madalena, que é sexualizada, realiza uma atividade na esfera pública e se relaciona com o dinheiro. Essas duas personagens ocupam os papéis sociais definidos para uma mulher, de acordo com as tradições judaico-cristãs.

A mãe é aquela que ama incondicionalmente, é altruísta e se realiza no lar, na família. Esse papel está ligado à idealização do feminino, que possui graça, beleza, compreensão, doação e dependência. Quanto mais dinheiro ou autonomia financeira tem, mais "feminina" é a mulher. Afinal, o dinheiro é visto como uma energia de ação, de realização, de potência, virilidade e poder, atributos relacionados ao "masculino". Quanto menos dinheiro ou autonomia financeira tem, mais "impotente" é o homem.

A mulher autônoma, que recebe dinheiro para se realizar fora do lar com prazer, é associada à figura arquetípica da prostituta, ou da mãe masculinizada e, portanto, "desnaturada", já que se preocupa mais com dinheiro do que com a família. Afinal, o dinheiro é um instrumento de troca, portanto não combina com a ideia de "amor incondicional". O dinheiro sempre impõe condição, limites, parâmetros para a entrega de um produto, serviço ou trabalho.

Esse é um dos dilemas que nós, mulheres, enfrentamos. Desejamos ter uma família e empreendermos nossos negócios, sermos felizes em nosso trabalho e vivermos relações amorosas excitantes, com prazer e sem culpa. Mas, para a sociedade, parece que não podemos ter tudo.

E essas crenças limitantes que nos empurraram goela abaixo fazem com que muitas de nós acreditemos que:

- é "normal" receber salários mais baixos que os homens, afinal estamos "invadindo" um espaço (público) que não nos pertence por direito;
- defender nosso valor profissional em termos financeiros é nos prostituir;
- é melhor delegar responsabilidades financeiras a figuras masculinas (pais, cônjuges, irmãos), para mostrar fragilidade e feminilidade;
- ganhar mais do que o homem pode ameaçá-lo e podemos perder o seu amor;
- olhar, administrar e pensar em dinheiro nos torna interesseiras, avarentas e egoístas;
- é melhor gastar com itens de consumo para não corrermos o risco de acumular dinheiro e sermos vistas como interesseiras;
- quando trabalhamos fora de casa, "traímos" nossos filhos e nos tornamos mães desnaturadas;

- trabalhamos em casa por amor, essa tarefa é nossa obrigação e não tem valor. Se houver uma separação, devemos aceitar uma pensão e nada mais, já que foi o homem que "colocou dinheiro em casa".

Entender essas crenças limitantes e enfrentá-las é fundamental para evoluirmos em nossa relação com nossos desejos, propósitos, fontes de prazer, com as pessoas e com dinheiro.

Conciliar o feminino e o dinheiro é entender que:

- podemos ser cordiais, afetuosas e generosas nas relações, e racionais quando se trata de dinheiro;
- dinheiro não é sinônimo de avareza, egoísmo ou especulação. Existem ricos generosos e pobres egoístas no mundo, portanto o dinheiro tanto pode ser usado para demonstrar avareza, como pode ser uma ferramenta de generosidade;
- a culpa é uma invenção que limita as realizações das mulheres. Filhos (e principalmente filhas) de mães bem-sucedidas têm mais chances de prosperar no futuro. Uma mãe que trabalha e ganha dinheiro fazendo o que gosta é um exemplo poderoso para sua filha;
- ter acesso ao dinheiro e manejá-lo com autonomia é um direito das mulheres;
- o dinheiro é um instrumento de poder, e na medida em que as mulheres não se empoderam dele, metade da humanidade fica excluída da possibilidade de realizar seu propósito e de ocupar os espaços de decisão sobre o uso econômico e político do dinheiro.

Portanto, além de possível, é fundamental e urgente garantir às mulheres o direito de decidir com autonomia sobre o uso do dinheiro, tanto em suas vidas particulares, como na esfera empresarial e pública. O mundo, comandado pelos homens até agora, está enfrentando desafios sociais e ambientais de proporções catastróficas. A desigualdade de acesso a recursos e a exploração desenfreada de nossos recursos naturais sem medir as consequências são sinais de que as mulheres precisam se envolver mais nas decisões econômicas pessoais e coletivas.

Tudo do que precisamos é unir a energia feminina do cuidado, acolhimento, generosidade e criatividade que aplicamos a nossas relações, com a energia masculina da potência, empoderamento e ação proporcionadas pelo dinheiro. Assim, poderemos transformar nossas casas, empresas, cidades e nações em ambientes mais equilibrados, harmoniosos, inclusivos e justos.

Referências

CORIA, C. *O sexo oculto do dinheiro: formas de dependência feminina*. Rio de Janeiro: Rosa dos Tempos, 1996.

FEBRABAN. *Observatório Febraban. As famílias após a pandemia*. Disponível em: <https://cmsarquivos.febraban.org.br/Arquivos/documentos/PDF/200720_OBSERVATO%CC%81RIO_FEBRABAN_JULHO%202020_final_iD_Ipespe.pdf>. Acesso em: 16 jun. de 2022.

IPEA. *Retrato das desigualdades de gênero e raça*. Disponível em: <https://www.ipea.gov.br/retrato/index.html>. Acesso em: 16 jun. de 2022.

KAHANE, A. *Poder & amor: teoria e prática da mudança social*. São Paulo: Editora Senac São Paulo, 2010.

KITAISKAIA, T. *Bruxas literárias: alquimia das palavras*. Rio de Janeiro: DarkSide Books, 2021.

LAB THINKOLGA. *Economia do cuidado*. Disponível em: <https://lab.thinkolga.com/economia-do-cuidado/>. Acesso em: 16 jun. de 2022.

6

DE SELECIONADORA DE MAÇÃS A SERVIDORA PÚBLICA FEDERAL E EMPREENDEDORA

A JORNADA DE UMA MULHER VISIONÁRIA E IMPARÁVEL

O presente texto conta a jornada de uma mulher que descobriu, no serviço público, um meio para transcender a sua classe social e, posteriormente, decidiu desafiar seus limites e desenvolver novas potencialidades no empreendedorismo. Desfrute desta aventura e descubra, você também, os sabores que a coragem e a vontade de viver o improvável podem trazer para sua vida.

ANGELA DE PAULA

Angela de Paula

Contatos
angeladepaula.com.br
faleconosco.angeladepaula@gmail.com
Instagram: @angeladepaulas
41 98498 0304

Em uma segunda-feira quente de janeiro, enquanto pedalava ouvindo a garrafa de chá sacolejar dentro da mochila a caminho da cerealista de maçãs, ainda aos 14 anos, decidi que desafiar o improvável seria meu destino. E o destino se cumpriu para provar que, mesmo em meio às mais adversas situações, a força de vontade, a determinação e a disciplina sempre vencerão. A mulher audaciosa que foi mãe aos 18 anos, se tornou pedagoga e abriu seu caminho de sucesso no serviço público nas salas de educação infantil. De lá para cá, se passaram quase 20 anos de dedicação e compromisso com o serviço público. Foram oito aprovações em concursos públicos, nos mais variados cargos das três esferas do governo. Pedagoga, escrivã na Polícia Civil, técnica judiciária na Justiça Federal e no Ministério Público da União e, por fim, Analista do Banco Central do Brasil. Angela de Paula, a mulher que fez do estudo seu maior *hobby*. Apaixonada por políticas públicas, gestão educacional e empreendedorismo. Acredita que viver uma vida sem propósito e frio na barriga é morrer aos poucos.

Escrever sobre "Mulheres que transformam mulheres" é algo especial para mim, já que, durante a minha vida toda, fui levantada e *transformada por mulheres*, a começar com as da minha família – avós com suas fortes experiências de vida, mãe, tias, irmãs, amigas e mestras que a vida trouxe para perto de mim.

Inspirada na fortaleza e na grandeza de tantas mulheres, bem como no meu poder de transformação pessoal, acabei me tornando uma *transformadora de mulheres*. Sou uma mulher que não consegue deixar de perceber o potencial existente em tantas outras e de guiá-las pelo mesmo caminho que me trouxe ao sucesso profissional e pessoal. Esse tema é algo empolgante para mim, pois remete à minha própria história de vida e a tantas vivências e aprendizados. Retoma a história da mulher que começou sua vida profissional selecionando maçãs em cerealista e, hoje, é bem-sucedida em sua carreira pública e como empreendedora.

Certa vez uma pessoa pediu que eu me definisse em uma palavra. Minutos após recapitular na mente minha história de vida, tive a certeza de que ser improvável é uma das características que mais me definem desde que me entendo por gente. Fui improvável desde meu nascimento com um quilo e duzentos gramas, sendo trigêmea em uma família com cinco filhos. Era inacreditável que eu chegasse até aqui, tendo uma infância pobre, sendo mãe aos dezoito anos e, sempre, conciliando meus estudos com o trabalho. Também era incerto que eu começasse um negócio do zero, logo após um tumultuado divórcio e que isso me resgatasse e me levasse à tamanha transformação pessoal e profissional. Mas somente a palavra improvável não consegue conduzir à transformação. É preciso que, junto a ela, haja algo que nos tire da inércia, nos ponha em ação.

E é aí que entra outra palavra que desde sempre fez parte da minha vida: imparável. Precisamos ser imparáveis, apesar das circunstâncias adversas que possam surgir em nossas vidas, das incertezas e dos desafios diários. Parar será a única coisa capaz de impedir você de atingir seus objetivos. De resto, tenha certeza de que, se você persistir, não há possibilidade de não atingi-los.

Prazer, eu sou a Angela, uma mulher ousada, corajosa e destemida, que, apesar de todas as fragilidades, não recusa um desafio e vê nisso a mola propulsora da vida. Sou neta, sou filha, e mãe, desde os dezoito anos, quando tive a responsabilidade de ter que dar certo, de servir de exemplo, de guiar, de (me) transformar. De lá para cá, me graduei em Licenciatura Plena em Pedagogia, fiz especializações, fui professora, escrivã de polícia, técnica judiciária e, hoje, sou analista do Banco Central, o que culminou no auge de todos esses anos de carreira pública.

Quase quarenta anos de história, desafios, superações e conquistas não poderiam ser contados se não iniciasse pela base, ou seja, pelos princípios que alicerçaram essa jornada e que ainda sustentam minha vida e os projetos que desenvolvo.

Princípios são base, fundação. São eles que não permitem a casa desmoronar diante das ventanias e das tempestades. Sem princípios muito bem alicerçados, a vida rui. Com eles muito bem definidos, o sucesso é inevitável.

A *liberdade* de escolha me levou a decidir por uma vida próspera, em que eu pudesse viver experiências que ampliassem a minha visão de mundo, que me transformassem em uma pessoa melhor, a romper com uma vida de escassez e de limitações financeiras. Essa mesma *liberdade* me fez desbravar, após já ter uma carreira pública consolidada, o empreendedorismo e suas imensas possibilidades, pois não há nada mais livre e ousado do que empreender.

A *autorresponsabilidade* me trouxe paz de espírito e poder. Paz, por tudo de bom ou de ruim que aconteça comigo. Saber que não há ninguém além de você que possa fazê-la infeliz ou feliz, que só depende de você; já que o poder está em suas mãos, basta despertá-lo. Nem pai, nem mãe, nem marido, ninguém. Isso é libertador.

Por fim, *integridade*, comigo mesma, com meu querer, e com os outros. Ser íntegra com meu propósito de vida, com meus planos de futuro, com os que estão à minha volta, sempre foi verdadeiro; logo, quando as coisas deram mais certo, fui fiel a mim mesma. Quando as coisas saíram do trilho, priorizei o olhar para fora, para o que os outros esperavam de mim, para o que queriam que eu fosse, e me perdi. Seja íntegra e fiel a si mesma, isso fará que você seja honesta com os outros.

Princípios é o que você tem de mais precioso na sua vida. Sem eles, você travará batalhas desnecessárias, que não trarão resultados por não estarem alinhadas com o que você quer da sua vida. E eu a desafio a olhar para trás e a encontrar os princípios que já a guiaram em muitas situações, sem que você soubesse. Olhe para sua jornada e busque o que a trouxe até aqui.

Bem, a essa altura você já deve estar se perguntando sobre em que ponto dessa história entra o concurso público. Pois bem, entra como principal fator responsável por tudo o que você lerá daqui para frente. Sem minhas aprovações em concurso, sem ingressar na carreira pública, eu não seria quem sou hoje, nem tampouco teria tido acesso a tantas oportunidades de desenvolvimento, pessoal e profissional.

Eu escolhi, aos vinte anos, o concurso público como mola propulsora para a mudança que eu almejava para a minha vida. Comecei minha jornada na carreira municipal, como educadora infantil, trocando mais de vinte fraldas de bebês diariamente, até chegar aonde estou hoje, como Analista do Banco Central, uma das carreiras mais almejadas e reconhecidas do serviço público. Foram oito as vezes em que vi meu nome no Diário Oficial. Foram oito aprovações em concurso público. Foram oito oportunidades que tive de mudar a minha vida, pelo meio mais democrático que conheço existir.

O concurso público me trouxe estabilidade financeira e, em consequência disso, a previsibilidade para definir objetivos. Ser servidora pública não me deixou rica, mas permitiu que eu continuasse dando passos largos rumo a projetos maiores. E quando damos passos largos, coisas maiores vêm. Em 2018, depois de já estar consolidada na carreira pública, fui convidada para compartilhar meu método de estudos para outras pessoas que desejavam ser aprovadas em concurso público.

Acredito, fielmente, que nada vem a nós no momento errado; e esse convite veio quando eu precisava de renascimento, pois havia passado por um divórcio difícil, tanto em termos emocionais como financeiros. Estava precisando de novos desafios para, novamente, me transformar.

Ensinar a base de tantas aprovações, a aplicação tanto dos princípios que regiam minha vida como de tudo o que lia sobre aprendizagem e autodesenvolvimento, foi um descortinar de possibilidades na minha vida. Naquele ano, ensinando, eu comecei também a aprender sobre negócios e empreendedorismo.

Era um mundo novo que se descortinava, cheio de desafios que só dependiam da minha resiliência e da força criativa que existia dentro de mim. Empreender foi uma das coisas que mais me fizeram crescer nessa vida.

Nos anos de 2018 a 2020, eu trabalhei mentorando pessoas que desejavam ser aprovadas em concurso público, de maneira individualizada, as quais, em sua maioria, eram mulheres. Essa experiência me trouxe muito aprendizado e certezas, sendo a principal a demanda de expansão dessa proposta para que alcançasse mais pessoas, que pudessem ser aprovadas em concurso público e tivessem também suas vidas transformadas.

No ano de 2020, com a chegada da pandemia da covid-19, o mercado digital teve uma explosão; logo descobri o poder mágico da escalabilidade da internet e o quanto eu poderia ampliar minha voz, o quão longe minha experiência e conhecimento poderiam chegar. Comecei a produzir conteúdo digital e desenvolvi, em função da análise do que dava certo em meus atendimentos individuais e da aplicação de ferramentas de design de produtos, a Mentoria Mulheres Aprovadas – um projeto totalmente inovador e disruptivo, voltado a preparar mulheres que buscassem ser aprovadas em concursos públicos.

A Mentoria Mulheres Aprovadas foi um sucesso, pois reuniu centenas de mulheres ambiciosas que sabiam aonde queriam chegar. A proposta as uniu em torno de um objetivo em comum, fez que descobrissem, na força do grupo, o que não encontravam em suas famílias: pessoas que buscavam resultados parecidos, que também enxergavam, no concurso público, um meio de transformação das suas vidas, que passavam pelas mesmas dores e dilemas.

A partir do Método 3 As de Aprovação, composto por três pilares basilares, *Autoconfiança, Alta performance* e *Aumento de desempenho*, trabalhados de maneira integrativa e uníssona aos princípios anteriormente apresentados, várias alunas foram aprovadas em concursos públicos.

Estudar para concurso público é muito mais sobre se autoconhecer, sobre entender o que dá certo para você, sobre aquilo que está disposto em livros e na internet, e, principalmente, sobre se autorresponsabilizar pelo seu processo de transformação de vida, ou seja, nada mais é do que o resultado da disciplina aplicada e da persistência de fazer o que precisa ser feito até dar certo.

Os anos de 2020 a 2022 foram de intenso desenvolvimento profissional para mim. As turmas da Mentoria Mulheres Aprovadas avançavam e eu me aprimorava cada vez mais na área de negócios. Investi dezenas de milhares de reais em cursos, mentorias e assessorias para entender mais sobre as tendências do mercado digital, o comportamento humano quando se trata de decisão de compra, enfim, renasci uma mulher ainda mais ambiciosa e empreendedora.

Percebi que as características demandadas de mim, quando estudava para concurso público e que, hoje, ensinava aos meus alunos, eram praticamente as mesmas requeridas no empreendedorismo: resiliência, autodisciplina e autonomia no aprender, coragem e determinação. Aliadas a essas competências já desenvolvidas anteriormente, promovi talentos pouco antes explorados, como a criatividade, a gestão de negócios, a capacidade de realizar conexões e *networks*.

Desde que comecei a oferecer as turmas da Mentoria de modo digital, fui procurada por muitas pessoas que buscavam saber como se constrói um negócio digital. Perdi a conta de quantos colegas servidores públicos vieram até a mim, queixando-se da tão temida perda do poder de compra ocasionada pela inflação e pela falta de reajustes salariais, buscando inspiração e direcionamento para desenvolver uma nova atividade.

Ao mesmo tempo, percebi uma tendência muito grande de servidores públicos buscando uma segunda renda, seja para complementar seus salários ou com o objetivo de terem novos desafios profissionais. São servidores públicos municipais, estaduais e federais com as mesmas dificuldades e os mesmos anseios: não se manter reféns de reajustes salariais cada vez mais escassos, blindar seu poder de compra suprimido pela inflação e, também, realizar atividades interessantes e com potencial de crescimento financeiro muito grande.

Guiada pelos cenários expostos e por aquela voz interna que diz: é hora de encerrar um ciclo para que outro se inicie com muito mais sucesso, tomei uma das decisões mais ousadas da minha vida: finalizar o projeto Mulheres Aprovadas para me dedicar ao que agora fazia meu coração pulsar: ensinar empreendedorismo e marketing a mulheres, servidoras públicas, que, assim como eu, necessitavam de uma nova atividade, seja para aumentar a renda, seja para ganhar um sentido na vida.

Então, surge um novo projeto que visa dar asas a propostas antes engavetadas e a sonhos considerados impossíveis de serem concretizados. Um projeto que, a partir de uma metodologia única, vai ensiná-la como encontrar e explorar, de modo financeiro e mercadológico, suas habilidades, construindo do zero um produto digital e, com base nele, criar conteúdo para as redes sociais, bem como escalar as vendas desse produto ou serviço.

Eu acredito que nesse momento você deve estar concordando comigo quanto à necessidade de obter uma segunda renda e mais, quanto à vontade que você tem de explorar todo o potencial que existe aí dentro; porém, questiona se possui as habilidades necessárias para gerir um negócio, a criatividade para desenvolver um produto e a estratégia para vendê-lo.

O que eu posso te afirmar é que empreender é uma das experiências mais deliciosas que já vivi. É algo que incendiou a minha vida e que a coloriu novamente. Empreender é desafiador sim e exigirá que você desenvolva novas habilidades. Mas é muito gratificante por depender unicamente de você e por, financeiramente, não ter limites.

Se você quer saber mais sobre como começar um negócio digital do zero, desde o desenvolvimento do seu produto ou serviço, até a criação de conteúdo para as redes sociais e a venda escalonada que só a internet possui, me acompanhe nas redes sociais, e vamos fazer de você, servidora pública, uma mulher também empreendedora.

Mulheres que transformam mulheres

7

QUANDO NASCE UMA ESCRITORA...

RENASCE UMA MULHER

"Quando nasce uma escritora... Renasce uma mulher" é a construção ancestral e humana de uma escrita, feita por mulheres, para todos. É o conjunto de vivências e sonhos expressos por meio da potência da palavra. Bárbara expõe as narrativas e dificuldades de se reconhecer num mundo tão acelerado e performático. Uma escrita que nos lembra da importância que a terapia e a escuta qualificada pode assumir na vida humana. Este texto também é sobre limites internos e descoberta.

BÁRBARA ANDRADE

Bárbara Andrade

Contatos
andradepsicologaclinica@gmail.com
Instagram: @escutababi
LinkedIn: linkedin.com/in/bárbara-andradepsi
61 98371 6270

Nascida e criada em Brasília (DF), em 1996, é psicóloga, pós-graduanda em Saúde Mental e Desenvolvimento Humano pela PUC-PR. Filha de pais imigrantes em Portugal e a primogênita entre dois irmãos, sempre se encantou pela escrita. Iniciou na psicologia de forma despretensiosa e mergulhou intensamente na área de desenvolvimento humano e também psicologia clínica. A sua inquietude e curiosidade a levaram para diferentes espaços de atuação. Desempenhou a função de psicóloga do trabalho em uma multinacional com ênfase em recrutamento e seleção de talentos. Hoje, investe um tempo considerável estudando temas como criatividade, inovação, vivência de brasileiros que moram fora do país e comportamento humano no geral. Dedica sua escuta psicanalítica a imigrantes e aborda esses temas com a comunidade interessada. Em suas redes sociais, privilegia os diálogos com significado, cuja característica principal é transmitir os conceitos psicanalíticos de maneira mais didática, acessível e ética.

Eu descobri que, para escrever, a gente precisa se esvaziar. Não um esvaziamento completo e absoluto que nos tira tudo. Na verdade, se trata de uma entrega recíproca. Este livro é sobre entrega. É sobre abertura, reencontro e verdade. Eu passei uma vida questionando a validade da minha caminhada. Nunca era suficiente. Eu sempre precisava de mais. Eu precisava provar um milhão de vezes de que era capaz, sob a pressão invisível e injusta que, por vezes, se faz amiga próxima da gente. Aqui, escrevo como alguém que descobre um tesouro perdido de incontáveis gerações. Escrevo para renascer e me encontrar. Escrevo com coração e emoção. Aqui, rascunhei linhas que traduzem meu sonho. Seria desperdício demais não compartilhá-lo. Sinto que tenho muito a falar e o nosso tempo é urgente.

Para início de conversa, este é um livro escrito por mulheres e tal fato, em essência, muda tudo. Eu ensaiei muitas vezes em minha cabeça como seria o dia em que eu contribuiria para algo tão grandioso e ímpar. A gente costuma achar que a vida é uma eterna corrida para que momentos de impactos cheguem. Eu descobri que não. Escrever parte deste livro não começa agora, não começa com o convite da editora, não começa com o grupo de mulheres que se empenharam para construí-lo. Começa antes de mim, começa também com minha história desajeitada, honesta, real, contada em primeira pessoa, e isso me emociona de muitas maneiras. Se, no lugar de escuta, construí minha atuação e potencial criativo, aqui, enquanto escrevo, sou capaz de me encontrar de forma genuína e nova. Renasci, aqui, retomei meu fôlego em cada palavra e trecho. Escrevo em homenagem ao momento que nos resgatamos a nós mesmas e nos vestimos com coragem e expressão. Escrevo em homenagem aos meus pais, meus amores e afetos. Nesse sentido, entrego verdade e espero que essas palavras o encontrem. Os passos em direção ao que desejamos sempre nos exigem sobremaneira, porque, no fundo, apontam para a nossa assinatura de vida. Decidi assinar este livro, acompanhada de cada uma de nós (escritoras ou não).

Por falar em nossa história, é pouco provável que seja possível manter uma única versão dela ao longo do tempo. Assim como este texto que escrevo, com algumas edições e ajustes, retornamos a ela, algumas vezes, consciente ou inconscientemente. Parece que, ao longo da vida, prepara-se para nós um lugar muito específico, inquestionável e rígido no mundo. Isso sempre me incomodou e me fez sentir pouco pertencente. Esse lugar tem definições profundas que perpassam toda a história. Com sorte, percebemos (demora, mas percebemos). São pequenas doses de acesso a essa realidade que especifica como devemos falar, nos sentar, como nos portar e nos vestir feito uma MULHER.

Ser mulher é quebrar correntes ocultas que vivem ressurgindo de tempos em tempos, mas que, no fundo, estão sempre ali. Aprendemos, ao longo da vida, que alguns trabalhos parecem ser destinados especificamente para a figura feminina. A lógica do cuidado, por exemplo, segue essa regra. Eu não demorei muito para internalizá-la. Ocupei-me, com êxito, em construir uma vida que fosse exemplar, sem tropeços ou furos de roteiro. Dediquei minha atenção e energia para cuidar de tudo e de todos, como se existisse um relógio ingrato que estipulava a ordem das coisas. Eu nem preciso dizer o quanto deu errado, né? Pois bem, nenhuma vida pode ser construída sob esse teto de vidro de suposta perfeição e controle. Tenho a sensação de que alguns fatos, por mais óbvios que sejam, precisam ser externados e vividos para encontrar sentido (como esse relacionado ao controle). Parece que a corda bamba que nos segura está sempre nos lembrando de que não é possível conseguir tudo. Ainda bem. Porque quem corre demais está fugindo de si mesmo. Em algum momento, essa conta decide chegar, passamos a sentir dificuldade em usar algumas justificativas e ocupar certas posições. Só, então, encaramos o conhecido desafio de encontrar uma maneira diferente de contar a mesmíssima história.

Na vida, me apresento como psicóloga. Mas, há alguns anos, ouvi uma provocação que me inquietou e de que sempre faço uso (por mais batida e antipática que pareça). Ela consiste em nos questionar sobre como nós nos apresentamos para o mundo, sem necessariamente, falar sobre o que fazemos. Antes de me inquietar, isso me apavorou, não fazia ideia de que era possível separar uma coisa da outra. Assim, descobri que sou filha, mulher, escuta, abrigo, contradição e encontro. O que faz ou o trabalho que executa é meio, é possibilidade, é expressão, mas não pode e não deve ser você. A ordem aqui se inverte e só então podemos ir em busca de algum equilíbrio. Por algum motivo, que desconheço, desenvolvi uma fixação por livros e pelo gosto de ler. Fui atrás de acessá-los com rapidez e por conta própria. Bem, ali, na minha biblioteca improvisada, o universo imaginativo tirou-me de algumas realidades difíceis. Gosto de pensar que aqueles livros me possibilitaram fazer parte do que sou.

Eu venho de uma família de muitos imigrantes, pessoas que decidiram arriscar a vida em um país que não era o seu. Isso me traz uma sensação de transitoriedade e mudanças repentinas. Ouvi inúmeras histórias da dura realidade que é recomeçar, adaptar-se, encarar o desconhecido e, às vezes, pouco amigável, de outra cultura. Digo que é, no mínimo, o significado de resiliência. Meu pai, quando me batizou com meu nome, contrariando a escolha da minha mãe, fez questão de perpetuar a marca: "Bárbara, *mulher estrangeira*". O conflito persistente entre estabilidade *versus* risco faz parte dos meus dias. Acerca dele, me assusto e sigo me preparando para o que não tem preparo. No início, a negação do que era supostamente duradouro me fez evitar diversos relacionamentos e, paradoxalmente, me aprisionou, a ponto de me impedir de tomar decisões (e, por consequência, assumir riscos). O equilíbrio entre ir ou ficar sempre será minha tarefa de casa, sem fim. Retomo essa demanda com frequência. Hoje, a inquietação não é mais sobre "ir ou ficar", mas entender os "porquês", os "comos" e os "para quem". Esse nível de mergulho custou-me batalhas internas significativas. Agradeço, com a verdade do meu coração, aqueles que me apoiaram e foram capazes de estar comigo nesse período.

Minha primeira e principal lembrança da infância é de curiosidade e sensibilidade. Minha memória treinada e ainda conservada me traz lembranças de envolvimento genuíno com meus irmãos. A noção de cuidado da irmã mais velha aparece antes de mim, quando me percebo, já estou ali sendo a irmã mais velha nos diferentes lugares que habito. Na Psicologia, a gente aprende que TUDO depende e que cada um expressa sua existência de maneira muito específica. Eu expressei a minha inquietação, tentando construir raízes. Este último fato tem relação direta com este livro e com as minhas decisões profissionais. A busca incessante pelo senso de comunidade sempre me acompanhou. Sou uma pessoa com timidez crônica e imaginava que teria sérios problemas ao lidar com pessoas, com suas angústias e questões; entretanto, dentro de mim, residia uma premissa de que, quanto mais próximo do outro, mais eu me conheço, mais eu conheço os segredos da vida. Essa proximidade precisa ser revisitada de tempos em tempos, porque limites são sempre linhas sensíveis em nossa caminhada. Costumo falar para os meus pacientes que: "Limites são formas de amor", eles são indicadores importantes na nossa relação com as pessoas e conosco. O problema é que estabelecer limites é questionar nossas posições, por vezes, tão arraigadas e rígidas. Na cabeça prepotente, podemos salvar tudo e todos, além de deter o controle completo da situação. Agir na insistência de salvar o outro pode ser uma justificativa razoável para deixar de olhar para nós mesmas. Parece que nós, mulheres, constantemente ultrapassamos essa linha. No nosso processo de reconhecimento e amadurecimento, nos é vendido que uma mulher só pode ser inteira ao viver uma vida de extrema dedicação e zelo investido ao próximo. Despedaçamo-nos para cumprir cada um desses papéis e, depois, exauridas, nos encontramos distantes de nosso real desejo.

Qualquer desconforto que antecede essas questões parece grande demais e, de fato, nos desestrutura. Gosto de imaginar que esse é o objetivo da terapia. Ela é um prego em nossa cadeira. Ela é o desconcerto de uma narrativa. Ela escancara nossa impotência diante do que achávamos governar: nós mesmas. Esse é o primeiro fato mais humanamente real com que nos deparamos, precisamos do olhar externo que nos acolhe e, ao mesmo tempo, nos confronta. Eu posso dizer, com alguma tranquilidade, que entregar a minha escrita, neste livro, é resultado de meses de muito desconforto e pequenos passos rumo a esse encontro. O prego na cadeira continuou a me incomodar e me tirou de onde exatamente eu imaginava que jamais sairia. O mesmo prego me faz olhar para minha angústia, esperança, para as relações que mantenho com os mais próximos, para a forma com a qual eu percebo o futuro e a minha história escrita até aqui. O grande *spoiler* é que o prego não deixa de incomodar, mas, finalmente, encontramos maneiras mais saudáveis, mais compatíveis com nosso desejo.

Eu sou prova viva do quanto podemos encontrar passos possíveis, por meio da escuta. Em um mundo hostil e caótico, se você conseguir, por um minuto sequer, parar e ouvir, não simplesmente assimilar, mas OUVIR com a profundidade de quem busca entender, uma porta se abre. Aqui, talvez, passe a perceber que seu corpo lhe envia sinais bem direcionados. Corpo é bússola, ele também fala. Mas não só ele. Um dos maiores gritos é aquele que pode ser ouvido no silêncio, naquele exato momento em que a gente "silencia" todo nosso entorno e decide se ouvir, se abraçar por completo. Por mais impossível que pareça, nós, mulheres, podemos decidir viver uma vida baseada em posições e ocupações mais saudáveis e potentes. A nossa relação com qualquer ser humano passa antes pela relação que cada uma estabelece consigo mesma. Os afetos que entregamos só são genuínos se, antes de qualquer coisa, nós os experimentarmos na própria pele. Este livro também é sobre isso.

Meu maior desejo é que, aquelas que acessarem a riqueza deste livro, decidam apostar com mais coragem e veracidade em si mesmas. Que possam construir significados leves em relação ao tempo e às urgências da vida. Que tenham as suas vozes ouvidas e consideradas. Que, na "mesa das decisões", haja espaço e interesse para suas ideias. Que passem a olhar para o seu corpo como morada e não como manequim. Que não se envergonhem de escrever sobre si mesmas. Que reencontrem o amor e que as experiências de trauma não lhe definam. Que possam se conectar com uma rede que as acolha, que se sintam, por fim, pertencentes. Não há nada de fantasioso nessas afirmações, as quais deveriam basear toda uma civilização. E é para isso que escrevemos.

8

QUEM É VOCÊ FINANCEIRAMENTE?

Esta é a trajetória de uma mulher que despertou e desabrochou para a vida em sua plenitude, deixando o seu potencial levá-la aonde só poderia ir: ao mundo dos seus sonhos. Para tanto, buscou o autoconhecimento e investiu pesado em formações que potencializassem os seus talentos. Voou para bem longe, mas voltou para buscar outras mulheres, mostrando-lhes novas perspectivas.

BÁRBARA SIMÕES

Bárbara Simões

Contatos
www.barbarasimoes.com.br
www.hsbrasilcontabil.cnt.br
barbara@barbarasimoes.com.br
barbara@hsbrasilcontabil.cnt.br
Instagram: @barbarasimoesoficial
@hsbrasilcontabil
11 98710 9875 / 11 4177 4469

Contadora e administradora, pós-graduada em Planejamento Tributário, *coach* financeira, *life coach, practitioner* em PNL e *master* em PNL, MBA em Gestão de Pessoas & *Coaching*. Formada em Psicologia Positiva, Inteligência Emocional e Liderança Positiva, Terapeuta Aura *Master*, Constelação Familiar e Hipnose Transformacional. Escritora e coautora do best-seller *As donas da p**** toda*. Sócia do escritório HS Brasil Contabilidade e CEO da empresa HB5 Desenvolvimento Comportamental. Dedica-se a auxiliar outras mulheres a desenvolverem competências e habilidades para gerir suas vidas e suas finanças e viverem a sua melhor versão.

Bem-vinda ao meu mundo! Sou sonhadora, determinada e imparável, empreendedora e *miss* de coração, idealizadora do programa Mulheres que Voam®. Comecei a voar desde muito cedo. Iniciei a minha jornada como mulher de negócios, por meio da venda direta de cosméticos, até alcançar as minhas metas e realizar os meus sonhos. Tenho 38 anos, sou divorciada, moro em São Bernardo do Campo, São Paulo.

Casei-me em abril de 2014, aos 30 anos, e, aos 34, me divorciei. O tempo em que estive casada foi o meu período de despertar e descobrir quem eu realmente era, e foi por meio do autoconhecimento que se abriram novas perspectivas de vida. Passei a enxergar uma Bárbara que é corajosa, otimista e tem sede de aprender. Por muitas vezes, me perguntei se seria possível ter saúde financeira no cenário econômico dos últimos anos.

Trabalhei por 15 anos no mercado corporativo e, em paralelo, vendia produtos de beleza para tirar um extra e bancar as minhas necessidades femininas.

Mesmo tendo formação e vasta experiência profissional no ramo das finanças, isso não significa que eu sempre tenha tido um bom relacionamento com o dinheiro. Não gostava de falar de dinheiro, orçamento, finanças... Tinha uma mentalidade de escassez. Em um mundo onde as coisas nem sempre são favoráveis para as mulheres, buscar o autoconhecimento e investir em educação financeira podem ser os diferenciais que faltavam para você aprender a lidar melhor com o seu dinheiro e alcançar a tão sonhada liberdade financeira.

Que tal fazer uma autoavaliação da sua vida financeira?

De 0 a 10, qual é o seu nível de satisfação com a sua vida financeira hoje?

_____

Pense, agora, nas suas finanças. Pensou? Você se considera uma pessoa endividada ou inadimplente?

_____

Vamos lá, seja sincera com você mesma.

O que é ser endividada ou inadimplente?

_____

Você, assim como eu, é endividada. Isso mesmo, ser ou estar endividada é quando temos parcelas a vencer de compras ou empréstimos; logo, inadimplente é quando as contas estão em atraso.

Veja que a nossa relação com o dinheiro vai muito além de ser uma questão meramente econômica. É também de ordem psicológica, emocional e está longe de ser uma questão simples como se costuma pensar, bastando "gastar menos do que ganha". Muitos de nós falamos ou até pensamos que não temos problemas nesse sentido ou que somos desapegados do dinheiro.

Você tem ideia de como se relaciona com o dinheiro?

_____

_____

O que você escutava quando era criança ou ainda escuta sobre dinheiro?

_____

_____

Dinheiro é a raiz de todo mal; é melhor ser pobre do que ser rica; ficar rica exige muito trabalho e muita luta e assim vai...

O que é saúde financeira?

_____

_____

É ter um bom controle do dinheiro de forma que se possa atingir os sonhos materiais de curto, médio e longo prazo.

Quais os benefícios de se cuidar da saúde financeira?

_____

_____

Vou listar alguns benefícios para auxiliá-lo. Melhoria na qualidade de consumo, como controle de gastos; fazer investimentos de forma consciente e garantir uma vida mais equilibrada, em que se possa ficar tranquila e segura com as despesas.

Por que eu devo cuidar e organizar a minha saúde financeira?

_____

_____

Porque ela traz felicidade e tranquilidade em escolhas de consumos conscientes, permite ser mais produtiva, ter mais tempo de qualidade, entre outras coisas. É fazer da economia um hábito. Assim, você sempre terá dinheiro sobrando. O equilíbrio das finanças é crucial para seu futuro.

Você acredita que, para cuidar da saúde financeira, precisa ter educação financeira?

_____

Se a sua resposta foi SIM, você está correta, pois o mau uso do dinheiro traz consequências sérias e, às vezes, gravíssimas, afetando não só a saúde financeira, como a física também. Esses pequenos e repetidos gastos que, somados acabam comprometendo o seu orçamento mensal, passam despercebidos, sem que você se lembre no final do mês como gastou o seu dinheiro. Lembre-se: "Não importa o quanto você ganha e sim o quanto você gasta".

Sendo assim, aprender a administrar as suas finanças é a forma mais efetiva de alcançar a liberdade financeira.

Para se tornar uma mulher que voa, trace metas para os seus objetivos e esteja disposta a ir até o fim para atingi-las. Não apenas em relação ao dinheiro, mas em todos os aspectos da vida. A melhor estratégia para realizar um objetivo é planejar e visualizar aquilo que deseja conquistar.

O momento de mudar é agora, esse é o segredo. Em se tratando de finanças, é necessário dar o primeiro passo para solucionar os problemas e o momento certo para começar é agora. Deixe de lado as desculpas e comece já a trabalhar em prol da sua estabilidade, tranquilidade e liberdade.

Planeje, aja, prospere e lembre-se: você merece ser uma MULHER QUE VOA, merece ser feliz e viver a vida que sempre sonhou.

E para auxiliar melhor as suas finanças, deixo, aqui, um exercício da Aura *Master*. Faça a leitura todos os dias ou quando sentir necessidade.

Há uma Luz dentro e fora de mim. Há uma força dentro e fora de mim. Que está em tudo e age sobre todos. Eu sou obra da criação. Sou filho do Grande Espírito Criador.

Honro o corpo e a alma que me deu. Honro a família que me trouxe ao mundo. Honro a família que me criou. Honro todos que me acolheram e ajudaram. Honro todos que me protegeram e me ensinaram.

Logos da vida, eu honro a sua existência. Honro suas dimensões. Honro seus reinos e mensageiros.

Eu honro o grande Espírito Criador. Eu honro toda a sua criação.

Eu honro o corpo que o Criador me deu. Eu honro o meu espírito. Eu honro os meus mensageiros e protetores. Eu honro todos os cuidadores da vida. Eu honro os meus facilitadores. Eu honro o meu pai. Eu honro a minha mãe. Eu honro a todos os que me serviram e me servem. Eu honro o alimento e os elementos da vida. Eu honro a vida.

> Eu honro o Grande Espírito Criador. Eu honro
> toda a sua criação.
> Está Feito! Está Feito! Está Feito!
> Luzzzzzzzz...
> Aura Master (Luz da Serra)

9

ADVOCACIA HUMANIZADA
ATUAÇÃO PARA TRANSFORMAR HISTÓRIAS DE VIDA

Apresentamos, nesta oportunidade, o modo como exercemos a advocacia: de forma humanizada. Uma forma diferenciada de se exercer o Direito e prestar atuação jurídica de qualidade, empática e revolucionária, tanto para as advogadas quanto para as clientes. Um dos nossos maiores objetivos é tornar a advocacia mais próxima daquelas que nos procuram, rompendo e transformando uma sociedade doente como a nossa. É transformando histórias de vida que seguimos confiantes e combativas na caminhada da construção de uma advocacia com propósito.

BRUNA DE SILLOS E
MARIANA VILELA CORVELLO

Bruna de Sillos

Contatos
Instagram: @brunasillos
LinkedIn: linkedin.com/in/bruna-de-sillos-171295bb

Advogada, pesquisadora, professora, empreendedora e sócia-fundadora do escritório Vilela e Sillos Advogadas, o primeiro de mulheres no exercício da advocacia humanizada. Graduada e mestra pela Faculdade de Direito de Ribeirão Preto da Universidade de São Paulo (FDRP/USP) no Programa de Direito e Desigualdades e pesquisadora convidada pela Universidade de Sevilla (Espanha), onde se aprofundou na temática de Direitos Humanos e Diversidades. Membra da Rede Feminista de Juristas, Promotora Legal Popular – PLP, conselheira e coordenadora da Comissão de Prerrogativas e membra da Comissão de Direitos Humanos da OAB-SP. Foi diretora jurídica da ONG Teto.

Mariana Vilela Corvello

Contatos
mavilela.adv@gmail.com
11 99778 9519

Advogada graduada pela PUC-SP, empreendedora e sócia-fundadora do escritório Vilela e Sillos Advogadas, o primeiro de mulheres no exercício da advocacia humanizada; é pós-graduanda em Psicanálise na FAAP e em advocacia e consultoria jurídica em Direito Privado pela Escola Paulista de Direito – EPD. Milita pelos direitos das mulheres, por justiça social com viés interseccional, feminista e antirracista, com foco na subjetividade humana e por uma vida sem violências. Foi monitora da disciplina "Direito e Gênero" na PUC-SP e aluna especial de mestrado na USP. É coautora do livro *Maternidades destituídas: desigualdades de gênero, raça, classe e Poder Judiciário*.

Mulheres, advogadas e empreendedoras: o que nos uniu?

A o longo do ano de 2016, as duas sócias se conheceram na ONG Teto[1], quando Bruna desempenhava o trabalho como diretora jurídica e Mariana era voluntária como assessora jurídica. Uma ONG que se propõe a atuar ativamente para reduzir a situação de pobreza, na qual muitas pessoas estão imersas.

A atuação na ONG pôde proporcionar um aperfeiçoamento pessoal e profissional e visão de mundo ampliada. Foi reafirmado, portanto, o quanto os direitos devem ser conquistados e mantidos por uma constante luta e em busca de uma sociedade mais igualitária, feliz e menos violenta e desigual.

Bruna e Mariana desempenharam, ao longo de suas trajetórias, inúmeros trabalhos e oportunidades de crescimento profissional, fazendo com que elas tivessem cada vez mais implicada e consciente tamanha responsabilidade de se exercer uma advocacia humanizada, preocupada e direcionada a orientar cada pessoa que busca por uma atuação jurídica, de forma a se respeitar a individualidade e singularidade de cada história de vida compartilhada e impactada.

A ONG Teto uniu essas duas mulheres, advogadas e empreendedoras, que formam, desde 2019, um escritório de advocacia que se propõe – e, de fato, pratica – uma advocacia diferenciada, que se preocupa e se responsabiliza em desempenhar o melhor trabalho possível. A atuação se dá com muito respeito, empatia e atenta às desigualdades estruturantes em nossa sociedade como, por exemplo: o racismo, a violência contra as mulheres, as desigualdades socioeconômicas e tantas outras vulnerabilidades e violências.

É com um olhar humano e atento que valorizam a dor do outro e o que pode ser feito para amenizá-la.

---

1 https://teto.org.br/

O escritório Vilela e Sillos: uma casa segura para advogadas e clientes

Nossa missão é promover uma advocacia estratégica, crítica e humana construída por mulheres.

A construção de nosso espaço de trabalho levou em consideração que vivemos em uma sociedade marcada pelo machismo em suas mais diversas formas, como o pouco espaço feminino nos lugares de poder e um constante questionamento de nossas capacidades e conhecimentos. O escritório pode ter muitas mulheres em seu corpo de profissionais, mas é necessário um esforço ativo para que esse ambiente valorize suas potencialidades, motivando-as a crescer e a enfrentar todos os desafios de uma carreira jurídica.

Para pensar no crescimento de mulheres em todos os aspectos, seja profissional, social, familiar ou socioemocional, é necessário considerar o sistema patriarcal em que vivemos. Há uma grande diferença entre a formação de meninos e meninas; para eles, são passados valores como coragem, determinação e força; para elas, são valorizadas características como submissão, delicadeza e a timidez, e é mal visto que mulheres sejam assertivas em seus posicionamentos.

Ainda, ao longo da vida de uma profissional do Direito, são colocados diversos questionamentos quanto à sua capacidade jurídica ou de encaminhar negociações, entre outros. Essas situações ocorrem em diversos ambientes, por exemplo, em audiências ou na indignação da parte contrária nos processos judiciais, que por muitas vezes já nos chamou de "advogadazinhas", de forma a desqualificar nossa capacidade e a diminuir nossa atuação profissional.

Por isso, a síndrome da impostora, ou seja, a crença de que a pessoa não é boa o suficiente para desenvolver determinados atos e atividades, é uma situação recorrente entre as mulheres advogadas. Por essa razão, pensar em um escritório de mulheres perpassa pensar em um ambiente de frequente reflexão sobre as situações em que vivemos, de acolhimento humano, para não nos cobrarmos demasiadamente, e de crescimento pessoal e profissional, para nos mantermos fortes e determinadas perante os empecilhos do patriarcado.

Com essa concepção, construímos uma casa segura para mulheres trabalharem com o Direito e se desenvolverem a cada dia. Além das duas sócias-fundadoras, pelo escritório já passaram diversas outras profissionais que puderam agregar a suas experiências essa relação mais saudável de trabalho, que tem como pressuposto uma perspectiva de gênero. Somente com essa coerência interna nos propusemos a desenvolver a advocacia humanizada, que seria a nossa forma de aplicar o Direito e de nos relacionar com os clientes por meio de uma escuta ativa, empática e descolada de julgamentos.

Os nossos valores são pilares de nosso trabalho, como a transparência, a valorização de pessoas, sempre com igualdade, buscando a transformação e o equilíbrio nas relações sociais. Com esses pilares, temos mais de mil histórias de vidas impactadas, e quando perguntamos a essas mulheres o porquê de terem escolhido a nossa representação jurídica para as suas histórias, estas são as algumas das respostas.

Estas são algumas mensagens de retorno que recebemos sobre o trabalho do escritório, como resultado de um ambiente que impulsiona mulheres, tanto as nossas profissionais quanto as nossas clientes. A humanização da advocacia faz toda a diferença para passar a confiança e o acolhimento necessários em momentos delicados para as mulheres.

Ainda, ao trabalharmos com clientes mulheres, precisamos ter a sensibilidade de compreender qual é a carga histórica, psicológica e social depositada nessas pessoas. Existe uma tendência de muita cobrança e culpabilização das mulheres, ou seja, a carga familiar e doméstica é colocada como inerente à mulher, sendo a principal responsável pelos cuidados da casa, das crianças e idosos/as.

Ao advogar em um caso de família, essa visão da desigualdade do papel da mulher precisa ser um pressuposto para entendermos por que determinadas carreiras são interrompidas quando um casal decide ter filhos/as. Ou, ainda, devemos considerar o papel de provedor atribuído ao homem, geralmente visto como o dono do dinheiro; assim, ao se decidir quem seguirá trabalhando fora de casa e quem exercerá a função dos trabalhos domésticos, é comum vermos homens seguindo com suas carreiras e mulheres deixando os seus trabalhos para cuidar dos/as filhos/as.

Essa dinâmica tão comum de divisão do trabalho muitas das vezes desencadeia atos de violência patrimonial, assim definidos pela Lei Maria da Penha: "a violência patrimonial, entendida como qualquer conduta que configure retenção, subtração, destruição parcial ou total de seus objetos, instrumentos de trabalho, documentos pessoais, bens, valores e direitos ou recursos econômicos, incluindo os destinados a satisfazer suas necessidades". Isso porque em muitas situações a mulher não tem nem conhecimento nem capacidade de decidir o que será feito do patrimônio em comum e há todo um amparo social para que esse contexto exista.

Destacam-se, também, outras formas de violência contra mulheres: psicológica, sexual, moral e física. Todas as formas envolvem muita dor e sofrimento e devem ser identificadas, nomeadas e combatidas para que definitivamente não ocorram mais.

Ademais, é proposta da advocacia humanizada com a perspectiva de gênero contribuir para um despertar da mulher que muitas vezes viveu e sobreviveu em contextos violentos e de sobrecarga e não enxerga os próprios direitos. Em determinados casos, a mulher acredita que apenas fez a sua obrigação, não valoriza o próprio trabalho reprodutivo e de cuidados, tão importantes quanto às profissões fora do lar. Nesse momento, é também o nosso papel contribuir com o empoderamento de nossa cliente para que ela tenha vontade de pleitear em juízo tudo que lhe é direito, diferentemente do que ocorreria com o filtro do machismo, que trataria o homem como o dono do patrimônio.

A sensibilidade de nossa forma de advocacia vai além do simples peticionamento do judiciário. Como diria o jargão jurídico – com adaptações de gênero –, "a advogada é a primeira juíza da causa"; isso porque precisamos ler nas entrelinhas e diagnosticar as situações em que estão presentes formas de violência contra a mulher.

E assim trabalhamos com o olhar atento para as demandas das mulheres, seja em casos de violência contra a mulher, nos quais precisamos pedir medidas protetivas, em caso de violências obstétricas ou até mesmo em brigas judiciais por imóveis nas quais estejam presentes aspectos do machismo e do patriarcado.

A nossa atuação: uma experiência única em cada caso

Cada história de vida é única e deve ser respeitada. Essa é uma das frases que acompanha diariamente a nossa forma de exercer a advocacia. Como dito anteriormente, já foram muitas histórias de vida impactadas pela atuação jurídica.

Compartilhamos, então, um caso dos muitos em que atuamos e orientamos, atenciosa e empaticamente, a cliente e sua dor, que a fez buscar proteção e garantia de seus direitos, pois estava imersa em um contexto de violência doméstica e familiar. E sabe quem era o agressor? Sim, o seu ex-companheiro. Infelizmente, uma história como essa não é a exceção.

Gabriela (nome fictício), quando procurou por orientação jurídica, estava extremamente perdida e angustiada – infelizmente, é a realidade de muitas mulheres que estão vivendo um relacionamento abusivo. Assim, foi prestado o atendimento e a orientação jurídica pautada em nosso modelo de advocacia humanizada.

O desejo dela era se divorciar e colocar um basta em toda a violência e invisibilidade vividas por ela durante o casamento. Foi necessária a solicitação das medidas protetivas, pois eram constantes as ameaças de: "vou tirar nossos/as filhos/as de você", "você vai ficar sem nada", "você é uma vagabunda", "seu lugar é dentro de casa cuidando do/a nosso/a filho/a", inclusive, em momentos durante o casamento, ela foi forçada a manter relações sexuais, entre outras situações-limite. Nesse caso, eram diversas violências sofridas por ela: patrimonial, física, psicológica, moral e sexual.

A vítima passou por um longo período de constantes ameaças e humilhações, e as medidas protetivas ainda são necessárias para que ela se mantenha em segurança. Já faz três anos que essa mulher tem a proteção do Poder Judiciário, gerando afastamento do agressor. Além disso, o seu divórcio está em vias de acabar de forma exitosa, isso porque ela já exerce a guarda unilateral dos/as filhos/as, recebe a pensão alimentícia de forma regularizada e terá seu patrimônio partilhado.

Gabriela teve então sua vida transformada, sua autoestima e saúde psicológica fortalecidas. Nosso desejo é participar ativamente de histórias como essa de transformação. Por mais mulheres livres e fortalecidas!

Um caminhar de muita construção no exercício da advocacia humanizada

Portanto, diante de tudo que foi tratado até aqui, reafirmamos que o exercício da advocacia humanizada é uma grande conquista, um caminhar de muita construção, acolhimento, empatia, cuidados e responsabilidades.

É a partir de um olhar atento e sensível que atuamos e nos importamos com as dores, histórias de vida que necessitam de acolhimento e respaldo jurídico. A advocacia humanizada deve levar em consideração a diversidade existente entre as pessoas, sejam elas clientes e/ou profissionais do direito.

É mais do que necessário seguir, resistir e contribuir para a construção e possibilidade de existir em uma sociedade que seja menos violenta, opressora e mais acolhedora e humana. E, claro (com certeza!) fazer com que o Direito funcione verdadeiramente como um mecanismo de justiça e transformação social. Temos um histórico de muitas histórias de vida fortalecidas e transformadas, o que consolida a nossa atuação jurídica no exercício da advocacia humanizada, pautada em seus pilares que reforçamos aqui: escuta ativa, empática e livre de julgamentos.

10

NADA PODE TE IMPEDIR DE FLORESCER

Seguir em frente, lutando pela nossa melhor versão quando tudo ao redor parece não ajudar está longe de ser um caminho fácil de se trilhar. Assim como nascer, florescer é o resultado de um processo que envolve muitas etapas e um longo tempo de espera, mas que com certeza desperta o melhor de nós e daqueles que nos rodeiam.

CARINA GULLO

Carina Gullo

Contatos
Instagram: @carinagullo
LinkedIn: Carina Gullo
24 99213 9927

Com formação em Comércio Exterior e especialização em Direito Internacional, adquiriu uma ampla experiência nas áreas de atendimento ao cliente, gestão de processos administrativos, implementação de indicadores de resultados de uma revenda AMBEV e no desenvolvimento de um plano de gestão integrada em uma grande rede supermercadista. Paralelo a isso, exerceu uma forte atuação social no estado do Rio de Janeiro por meio de projetos educacionais sob diretrizes do empresário Jorge Paulo Lemann, tendo construído uma grande rede de contatos profissionais das mais variadas áreas de formação e atuação profissional que contribui constantemente com seu desenvolvimento de carreira. Atualmente, desenvolve projetos para a rede varejista como *influencer* digital e na capacitação de gestores de processos por meio de programas de mentoria.

Minha história tem o início semelhante à de muitas outras meninas nascidas na década de 1980, em uma cidade carente de educação, infraestrutura e oportunidades, no interior do Rio de Janeiro. Apesar de a natureza ter me dotado de um forte senso de liderança – o qual já despontava por meio das muitas iniciativas que tinha junto às crianças do bairro –, desde muito nova fui apresentada ao que seria "um grande obstáculo" a ser superado dia após dia: ter nascido mulher.

Claro que não há nada de errado em ser mulher, mas imagine o que foi para uma menina – com este ímpeto por conquistar – ser criada em um ambiente condicionado a "educar a mulher" para ser uma mera coadjuvante de algum homem, tendo dentro de si o desejo de ser a própria protagonista de sua história?

Sem boas perspectivas em desenvolver-me como um ser autorresponsável por suas escolhas, passei a considerar a mercearia dos meus pais – a qual foi aberta a duras penas e era a única fonte de renda de nossa família em meio a um cenário de hiperinflação que atingia o país desde a década de 1980 – como uma opção para desenvolver minhas habilidades e não ceder às pressões sociais para me contentar com o que "o futuro" havia reservado para mim.

Longe de ser um motivo de pesar, as longas tardes pós-horário escolar nas quais abdiquei de brincar com outras crianças para ficar observando como meus pais atendiam aos clientes e buscavam formas de fidelizá-los foram essenciais para confirmarem meu DNA empreendedor e a vontade de ir além do que o meu entorno me oferecia.

Foi uma grande satisfação contemplar o quanto a minha proatividade e meus resultados geraram mais e mais oportunidades para esta então jovem menina. Com o tempo, muitas outras atividades tão importantes para o negócio familiar foram delegas a mim, e quão orgulhosa eu ficava a cada sorriso de meus pais e a cada elogio por parte dos clientes. Esses discretos *feedbacks* foram, sem dúvida, uma grande validação de meu potencial e incentivo a novas conquistas. Aliás, vale aqui uma dica para você, pai ou mãe que acompanha esta história: nunca subestime a força de seu olhar, de seu sorriso e de suas palavras no coração de seus filhos, pois muito de meus projetos ainda hoje se alimentam dessa fonte.

À medida que crescia, a visão de um mundo limitado por ser mulher adquiria uma nova perspectiva. Nos intervalos de minhas várias atividades na mercearia, os telejornais, que até então passavam despercebidos para uma menina por volta dos seus sete anos de idade, tornavam-se fonte de inspiração por apresentarem mulheres de fala firme e decidida em suas bancadas e, com isso, mostravam a mim que "lugar de mulher é onde ela quiser estar". Cada vez mais, passei a perceber que eu realmente poderia tomar as rédeas de meu futuro e me tonar a protagonista de minha história; que eu não precisava ser uma refém das circunstâncias como tantas outras colegas de bairro.

No início de minha adolescência, apesar de todo nosso empenho familiar, a mercearia de meus pais pôde seguir adiante – realmente, empreender em nosso país nunca foi uma tarefa fácil. Isso representou o início de um novo recomeço para nós em uma cidade ainda mais distante do movimentado centro do Rio, o que foi encarado por mim como um anúncio de que minha jornada rumo a um futuro promissor continuaria não sendo fácil.

Sem ter o trabalho na mercearia, segui o roteiro que me era permitido em minha nova cidade: dedicar-me aos estudos para, assim que possível, dar início aos meus projetos. Afinal, entendia que, quando Deus não corresponde às nossas expectativas imediatas, pode ser uma maneira de Ele nos pedir um voto de confiança e que nos dediquemos a vivenciar o ordinário de cada dia, certos de que, no momento propício, o extraordinário virá. Aliás, essa relação com Deus sempre me sustentou nos vários momentos nos quais a vida me dizia "não". Afinal, se os nossos projetos estão alicerçados apenas no que os olhos podem ver, eu nem estaria aqui escrevendo este relato.

Com 18 anos, antes de me candidatar a qualquer emprego que me oferecesse uma remuneração imediata, decidi que primeiramente deveria conhecer o mercado de trabalho e descobrir quais carreiras estavam entre as mais promissoras para uma jovem mulher com perfil de liderança e garra para empreender. Encarei duas horas de viagem para a capital e busquei conversar com gestoras e entender as "regras do jogo" da vida adulta. Hoje eu consigo imaginar como deve ter sido inusitado para muitas delas receber uma jovem que não estava em busca de um emprego em si, mas de informações para traçar sua estratégia de carreira. Talvez, esse "ponto fora da curva" deva ter sido o motivo do tratamento diferenciado que tive por parte delas.

Ao perceber que o curso de Administração seria um ótimo começo, deparei-me com a minha difícil realidade financeira, que me levava a me questionar como pagaria uma faculdade sem poder contar com os meus pais e muito menos sem ter ainda um trabalho que me proporcionasse uma renda fixa. Foi nesse momento que tive a ideia de dar um salto no escuro – Deus teve trabalho comigo (risos) – e me inscrevi no curso de Administração para, em paralelo, batalhar por um emprego. Meus Deus, que coragem a minha! Essas coisas, somente ao colocarmos nossa história no papel, fazem nos darmos conta de quão fortes e corajosas fomos. Já pensou em experimentar isso? Provavelmente se surpreenderá tanto quanto eu. Experimente!

Logo nos primeiros períodos, surgiu uma oportunidade de candidatar-me a uma vaga de estagiária em uma conceituada revenda de bebidas da região. Pensando hoje sobre como foi chegar a essa revenda, sinceramente, eu não sei como não desisti. Afinal, não havia uma linha de ônibus direta até o local, eu não tinha o suficiente para pagar a passagem e meus cuidados com o meu cabelo e unhas não estavam tão em dia – acho que para toda mulher, na verdade, nunca estão, não é? Mas o importante é que eu encontrei uma forma de contornar tudo isso e fui.

Chegando lá, senti um "frio na barriga" ao ver tantas pessoas em uma sala de espera para apenas uma vaga de estágio e muitas delas aparentemente eram perfeitas para o cargo. Mas como eu estava decidida a não seguir o *script* da mulher submissa e do lar, retroceder não era uma opção. Sai de lá temerosa de não ser chamada para a próxima etapa, que seria uma entrevista diretamente com o diretor da revenda. Qual não foi minha surpresa ao descobrir que fui chamada para dar prosseguimento ao processo seletivo e que o diretor, na verdade, era uma diretora. Senti dentro de mim, mais uma vez, a confirmação de que estava no caminho certo e de que ser mulher não é de forma alguma uma limitação.

Na entrevista, lembro-me de ter sido muito franca a respeito da minha história, das minhas metas pessoais e dos passos concretos que estava dando ao ser aluna de Administração da primeira e única faculdade da cidade, confiando que os recursos financeiros viriam pelo suor do meu trabalho – o qual eu ainda nem tinha. Parando agora e refletindo sobre essa entrevista, fico muito orgulhosa ao perceber que a tentação de ocupar um lugar de vítima nem me passou pela cabeça. Muito pelo contrário. Assumi meu lugar, de uma mulher consciente de sua origem simples, suas limitações e, principalmente, de seu compromisso pessoal de florescer onde quer que estivesse.

Acredito que essa postura impactou tanto a diretora que a motivou a oferecer a mim não a vaga de estagiária, mas a de efetiva como assistente administrativa, que nem estava em questão naquele dia. Nossa, que alegria! O salário na época não só foi o suficiente para colocar em dia minha mensalidade e garantir que eu continuasse estudando como também para ajudar meus pais, que ainda estavam numa fase de adaptação. Realmente, Deus deve se alegrar com a forma com que eu fiz jus às qualidades que Ele mesmo plantou em mim.

Conversando com meus professores dentro da faculdade, comecei a me interessar por comércio exterior. E aí você já deve estar pensando: "Mas você não tinha limites, menina?". Acho que não! Logo que comecei a estudar a possibilidade de migrar de curso, percebi que uma das exigências dessa nova graduação seria que o estudante tivesse uma ampla visão do cenário global. E aí eu pensei: "Se eu mal saí do meu estado e não falo outras línguas, como isso seria possível?". Foi neste momento que "uma voz sussurrou ao meu ouvido" e pude perceber que a revenda na qual trabalhava estava localizada ao lado do maior estaleiro do Brasil e que os engenheiros do mundo todo que lá trabalhavam poderiam me ajudar nisso. Por meio de amigos em comum, pude conversar com engenheiros da China, da Irlanda e dos Estados Unidos – usando apenas o Google tradutor, imagine você! – para conhecer o mundo, que parecia inacessível presencialmente.

Ao longo dessa minha nova graduação, passei a perceber que "sonho que se que se sonha só é apenas um sonho que se sonha só, mas sonho que se sonha junto é realidade" e, sendo assim, precisava encontrar outras jovens que tivessem este mesmo desejo de crescer independente das circunstâncias. Assim, entrei em contato com a fundação criada e mantida pelo empresário Jorge Paulo Lemann para jovens com sede de mais: a Fundação Estudar. Nela, realmente, o mundo se abriu para mim e pude conhecer tantas outras carinas que não só me inspiraram como me motivaram a desejar ainda mais.

Dali em diante, muitas outras conquistas vieram e seria muito confortável citá-las aqui para motivá-la a não desistir e seguir em frente como uma mulher destemida, forte e confiante. Mas hoje, com meus 35 anos e com quase dois anos de casada, posso dizer que este autoapoio feminino, com o qual a gente encontra forças nas histórias uma das outras para superar as adversidades, também tem lá seus efeitos colaterais. Um deles, e no qual acreditei por um bom tempo, foi de que nós mulheres podemos caminhar muito bem sozinhas, sem precisar contar com homem algum. Sei que muitas mulheres alardeiam essa independência dos homens quase como uma condição *sine qua non* para ser uma mulher de sucesso de nosso tempo. Mas você já refletiu sobre o peso que a vida pode assumir quando andamos para cima e para baixo carregando nossa pesada "armadura"? Se, por um lado, essa estrutura rígida e forte nos protege das intempéries da vida, diminuindo seus impactos e nos dando tempo de reação, é bem verdade que ela também nos priva de sentirmos as sutilezas na convivência com os demais como, por exemplo, um toque de apoio por meio de um carinho em nosso rosto.

Veja, temos uma ideia de que florescer implica uma atitude independente do outro e das circunstâncias; quase como se tudo dependesse apenas da força da semente. Entretanto, a realidade expressa pela natureza não nos deixar acreditar nisso. Por mais dotada de potencialidades que seja a semente, sem as condições necessárias – como um bom solo, água disponível e luz do sol – ela nunca germinará e muito menos florescerá. Assim penso também sobre as potencialidades de nós mulheres. Nós não nos bastamos.

Vendo minha própria história, percebo que o florescer realmente aconteceu quando pude confiar no amor de um homem que me enxergava como uma mulher cheia de potencialidades e fazia de tudo para me proporcionar um ambiente ainda mais favorável ao meu desabrochar: meu namorado na época e atual marido. Uma das muitas situações que ilustram o que estou dizendo foi quando comentei com ele sobre uma oportunidade para me candidatar à coordenação dos ex-alunos da Fundação Estudar – o Núcleo na Prática. Disse de uma forma despretensiosa: "É. Apareceu esta oportunidade, mas acho que não vou nem me candidatar. Afinal, como serei uma boa coordenadora se têm pessoas muito mais capazes?". Acho que, na verdade, o cansaço de mais de 30 anos neste solitário campo de batalha da vida já estava começando a pesar. Ele então me olhou nos olhos e disse: "Carina, não limite o agir de Deus. Olhe sua história de conquistas. Ele com certeza tem muito mais portas abertas para você. E, além disso, você pode contar comigo. Portanto, não retroceda!". Confiei em suas palavras e, pela primeira vez, senti-me aliviada por não lutar sozinha. E, para minha surpresa e felicidade dele, fui eleita na coordenação, sendo uma das gestões mais elogiadas.

Ao longo desses três anos de convivência, pude abrir mão de uma estabilidade de carreira, fui para o novo e desafiador mercado varejista – ajudando os supermercadistas com minha *expertise* em gestão de processos –, palestrei em megaeventos voltados para esse mercado e dei início a um novo projeto de *influencer* digital com contratos muito promissores. Longe de me limitar, contar com o apoio e a parceria das pessoas ao meu redor me levou a encarar a vida de uma forma mais leve e a desabrochar para muitas áreas além do profissional e é isso que eu desejo a você, mulher, que me acompanhou nesta leitura até aqui: que você lute pela concretização de seus projetos, acreditando que este desabrochar é ainda maior quando não é uma via solitária.

11

SONHOS REALIZADOS

Meu sonho, desde pequena, era ser dentista, e consegui me formar em 1996. Acredito que a minha primeira dentista me inspirou, me fez amar a odontologia e transformar sorrisos. Não tive as coisas de mão beijada e meus pais me criaram de maneira realista e objetiva, num modelo educacional extremamente eficaz, que hoje tento passar ao meu filho. Neste capítulo, vou tentar acender uma faisquinha no seu coração e estimular você a se reinventar, mudar, enfrentar e agradecer pelas suas novas conquistas.

CRISTIANE FÉRES

Cristiane Féres

Contatos
consultoriocristianeferes@gmail.com
Instagram: @cristianeferesdentista
@updentclinica
Facebook/LinkedIn: UP DENT
21 98914 6620 / 21 2612 0258

Dentista e empreendedora em Niterói-RJ. Há 25 anos atuando em odontologia estética e transformando sorrisos. Anos de prática com atualizações e especializações desenvolveram o seu prazer em atender a todas as idades, abrangendo toda a família, dos bebês aos avós. Em novembro de 2019, criou a Up Dent Odontologia Ltda., com uma equipe de profissionais dentistas que atendem com objetivo de diminuir a incidência de doenças bucais por meio de um processo preventivo focado no perfil de cada cliente, levando bem-estar e qualidade de vida. Afinal de contas, um sorriso bonito, além de ser um cartão de visitas, abre muitas portas, restaurando e valorizando a autoestima.

Sou Cristiane Féres, nasci em novembro de 1972, sou filha de um respeitável cirurgião vascular de Niterói, dr. Edilson Féres e da Acilea Féres, admirável assistente social do estado do Rio de Janeiro, onde chegou ao topo da carreira da Fundação Leão XIII. Tenho dois irmãos mais velhos e médicos: dr. Eduardo e dr. Marcelo Féres. Imaginem, como caçula e menina, como eles aprontavam comigo.

Cresci e sempre estudei em boas escolas da cidade de Niterói, na região metropolitana do Rio de Janeiro. Um lugar encantador, com praias de rica natureza e a mais bela vista da cidade do Rio de Janeiro, com 515.317 habitantes.

Em razão da minha estrutura familiar, graças a Deus tive a oportunidade de fazer cursos de dança, idiomas, teatro, frequentei lugares e conheci pessoas que me enriqueceram muito culturalmente e no âmbito da minha formação.

Minha infância e juventude foram muito felizes e saudáveis. Apesar de ser uma pessoa privilegiada, eu via a necessidade de me relacionar com todas as pessoas, independente da classe social e cultural. Fiz trabalhos voluntários na Igreja Católica, da qual participava na adolescência, e faço até hoje, na minha profissão, em atividades de cunho social.

Não tive as coisas de mão beijada, meus pais me criaram de maneira realista e objetiva, num modelo educacional extremamente eficaz, que hoje tento passar ao meu filho Bruno. Em razão desses ensinamentos, passei por algumas experiências e atividades na minha adolescência, tais como fazer pesquisas eleitorais e trabalhar como animadora de festas infantis, para garantir um troco e não ser tão dependente dos meus pais desde cedo. Uma cena inesquecível e cômica, foi quando me fantasiei de Ursinho Carinhoso Rosa para animar uma festa na Barra da Tijuca. Sem contar o mau humor dos entrevistados para as pesquisas nas ruas. Isso, com certeza, me fez respeitar ainda mais os trabalhadores informais.

Meu sonho desde pequena era ser dentista e consegui me formar em 1996. Acredito que a minha primeira dentista me inspirou, me fez amar a Odontologia e não ter nem medo do motorzinho.

No início da minha carreira, trabalhei numa clínica popular que ficava em Itaboraí, uma cidade do interior do Estado do Rio de Janeiro, a 34 km de Niterói. Ficava horas sem atender ninguém, mas aquilo serviu de aprendizado e estímulo para arrumar um emprego de carteira assinada. Até caixote de laranjas de presente eu recebia dos pacientes.

O meu primeiro emprego de carteira assinada foi no Sesc Niterói e por sete anos atuei como supervisora dentista. Esse trabalho agregou demais à minha vida profissional, em termos de oratória (ministrava palestras), agilidade, competência, valores, rotina, planejamento e relações interpessoais. Momentos de desgaste, exaustão e reflexão para alcançar outros sonhos.

Dica de ouro: aceite as mudanças que aparecerem. A mudança é uma das únicas certezas da vida.

Em 1996, conheci meu esposo, Carlos Eduardo, um advogado admirável, com quem pude construir uma linda família e relação que já dura 26 anos, baseada em amor e cumplicidade. Que gerou um filho tão maravilhoso, amoroso, inteligente e educado chamado Bruno, meu maior sonho realizado. Sou mãe coruja de carteirinha mesmo, mas para quem o conhece, ele é singular e muito especial. Não foi fácil essa gestação: pois passei por dois abortos e tive até pré-eclâmpsia (hipertensão arterial). Fundamental para passar por esses momentos foram a fé que tenho em Deus e o amor da minha família.

Dica de ouro: mantenha a positividade em todos os momentos, não deixe a sua energia se esvair com o tempo.

Fiz, em 2000, uma especialização em Saúde Coletiva, porque pretendia atender as pessoas com uma visão mais holística (cuidado integral do ser humano) e humanizada. Como consequência, isso acabou abrindo novas oportunidades, como ingressar na Transpetro como gestora de Odontologia e atuar na promoção de saúde bucal naquela empresa. Foi um momento de enorme aprendizado e desafios. Fizeram-me aprender, no dia a dia, sobre a gestão de pessoas, o *mindset* (correspondente a características da mente humana que vão determinar os nossos pensamentos, comportamentos e atitudes), os planejamentos organizacionais, fluxogramas, planilhas e lidar com a computação como ferramenta indispensável a qualquer área.

Dica de ouro: o planejamento diário é uma ferramenta excelente para otimizar nosso dia. Tenho o hábito de planejar minha semana por meio da minha agenda pessoal e escrita, atualmente chamada de *planner*.

Com o passar dos anos, surgiu a necessidade de estudar bastante para passar num concurso público. Como trabalhava, resolvi entrar num curso preparatório para concursos, que foi fundamental para nortear meus estudos. Eu queria mais estabilidade, e na carreira militar ainda teria a vantagem da promoção ao longo dos anos e de uma aposentadoria melhor do que nas outras instituições.

Dica de ouro: cursos preparatórios e aulas específicas da área auxiliam a planejar a metodologia para estudos de concursos.

Em janeiro de 2002, entrei na carreira militar, como 1ª Tenente Dentista na Polícia Militar do Estado do Rio de Janeiro, na qual atuo até hoje como Tenente-Coronel Dentista. Trabalho diariamente o equilíbrio na função de ser mulher e ter uma posição de chefia numa corporação predominantemente masculina, com os desafios que isso me traz. Hoje, tem aumentado bastante a credibilidade de nós, mulheres, na liderança e no poder. Na minha opinião, um líder genuíno é aquele que inspira, dá exemplo, tem a capacidade de administrar pessoas e equipes, de personalidades e objetivos diferentes, mobilizando-as para atingir e caminhar juntos num objetivo comum.

Em 2016, tive um dos momentos mais tristes e difíceis da minha vida, a perda do meu irmão mais velho, o Edu, num acidente de carro em Bom Jardim-RJ. Ele nos deixou três lindos e amados sobrinhos: dra. Eduarda Féres (que, hoje, também é dentista), o Leonardo e o Thiago Féres. Uma vez, ouvi ou li em algum lugar que: "Nada na vida é perpétuo, tudo tem começo, meio e fim, portanto, viva de bem com a vida". A partir desse dia, comecei a refletir sobre minha rotina e isso me impulsionou a ver a vida de outra forma.

Dica de ouro: exercite o autoconhecimento e a autocrítica. Nossos erros servem de aprendizado e amadurecimento. Não desanime nos tropeços.

Com o tempo, aprendi a pensar antes de falar, acredito que isso faça parte do nosso amadurecimento. O meu bom humor e a espontaneidade são características marcantes da minha personalidade. Encaro a vida com autoconfiança.

Para quem me conhece, dizem que sou ligada em 220 volts, porque não consigo ficar parada, sem estudar, fazer cursos, congressos, viagens e novos desafios. Daí, surgiu a vontade de, no início da pandemia, quando retornei do CIOSP (Congresso Internacional de Odontologia de São Paulo), em fevereiro de 2019, fazer uma certificação em Laserterapia Internacional –

IALD e, logo após, em setembro de 2019, entrei para o Grupo Qualidade em Saúde, uma classe seleta de dentistas com mais de 1.400 membros em todo território brasileiro.

Dica de ouro: o segredo do sucesso na vida é estar preparado para a oportunidade quando ela surgir.

Como dentista e empreendedora de Niterói-RJ, anos de prática com atualizações e especializações desenvolveram o meu prazer em atender a todas as idades, abrangendo toda a sua família, dos bebês aos avós.

A rotina do consultório estava me deixando desanimada, então, em novembro de 2019, criei a UP DENT ODONTOLOGIA LTDA., com uma equipe de profissionais dentistas que atendem em todas as especialidades, com o foco principal na manutenção da saúde bucal de nossos pacientes. Sem falar que a prevenção de cáries e doenças gengivais é muito mais barato, além de diminuir e muito as dores de cabeça de mães e pais.

Dica de ouro: saiba fragmentar seus planos em pequenos objetivos. Não adianta querer abraçar o mundo numa única vez.

A UP DENT tem a missão de acolher e encantar, buscando a satisfação dos clientes por meio de ações que permitam o desenvolvimento das potencialidades do nosso corpo funcional, seja nos serviços como atendimento, representado por uma prática odontológica respeitosa, de excelência e sustentável; seja na escolha de mobiliário significativo, como a cadeira com massagem, que relaxa e ativa a circulação dos nossos pacientes; seja, ainda, na seleção de funcionários, pois nossa equipe é formada por 90% de mulheres, traduzindo-se em mais sensibilidade.

Atuar de forma humanizada e inovadora traz benefícios ao entendimento da importância de uma Odontologia Preventiva, que tem como ênfase conscientizar e promover a prevenção na saúde bucal. Os cuidados com os dentes e com o seu sistema mastigatório deve ser uma prioridade. Assim, melhorar a saúde bucal dos nossos clientes e transformar sorrisos é a nossa missão. Para isso, acreditamos no *Check-up* Preventivo Digital como uma ferramenta imprescindível. É um exame de microscopia que, pela captura de imagens ampliadas 60 vezes, propicia aos nossos profissionais acompanharem preventivamente o aparecimento de doenças ou detectá-las em fase inicial, facilitando o tratamento e a cura.

Dica de ouro: procure por todas as oportunidades que puder, assuma os riscos, faça amigos e trabalhe duro.

Há dois anos, tenho estudado, lido e me aperfeiçoado sobre a era digital, até aulas com mentores da área de Marketing e mídias digitais tenho feito. Quem não fizer um esforço, urgentemente, para se adequar a comportamentos, ideias, técnicas, conhecimentos (principalmente do mundo digital), diversidade, entre outros, não suportará viver a próxima década. Percebi que o engajamento nas mídias está sendo muito proveitoso e abrindo portas para novas possibilidades.

No início de abril de 2022, recebi um telefonema da minha cunhada Simone Santos, *coach* de mulheres e coautora do best-seller *As donas da p***** toda*, me convidando para escrever um capítulo sobre a minha história de vida neste livro. Fiquei muito feliz e, então, como adoro um desafio, aproveitei o Carnaval fora de época devido à pandemia e iniciei esta minha "pequena biografia".

Dica de ouro: foco na solução. Respire, reflita e bola para frente!

Considero-me uma pessoa bem focada, ética e que corre atrás dos seus objetivos.

Quando penso que o significado da família representa a união entre pessoas que possuem laços sanguíneos, de convivência e baseados no afeto, isso me faz refletir que, ao longo da minha vida, a minha família é a minha base, o meu suporte e norte da minha personalidade. Estou com a oportunidade de perceber, a partir deste novo desafio de escrever sobre mim, que tenho muita sorte de ser criada pelos meus pais com tanto amor, carinho e respeito. Tento passar esses valores ao meu filho. Nunca apanhei, nunca levei um beliscão sequer e tenho um respeito enorme aos meus pais. Um simples olhar de repreensão do meu pai me fazia recuar e respeitá-lo ainda mais. Bater é educar pelo medo, o que não é nada saudável. Quando você bate, está ensinando as crianças a serem agressivas. Nós, pais, somos exemplos para nossos filhos.

Muitas pessoas me perguntam: "Você não se cansa da sua rotina frenética?". Eu respondo que a minha primeira motivação é o meu filho. A segunda é cuidar das pessoas, tirar a dor, transformar sorrisos e elevar a autoestima. Já o aprendizado diário em diversas áreas me estimula e não me deixa desistir. Claro que, como todo ser humano, tenho dias difíceis, momentos tristes, mas a fé e a crença em Deus me fazem crescer e ir adiante.

Tem alguns autores que me motivam bastante e me emocionam, hoje vou citar o Mário Sergio Cortella: "Tem que ter esperança ativa. Aquela que é do verbo esperançar, não do verbo esperar. O verbo esperar é aquele que aguarda, enquanto o verbo esperançar é aquele que busca, que procura, que vai atrás". E você, vai ficar esperando o quê? A vida passa num sopro. Vamos ser felizes!

Dica de ouro: a melhor maneira de driblar a falta de motivação é fazer coisas que proporcionem bem-estar. Faça uma lista de atividades que você gostaria de realizar e comece a praticá-las. Você vai perceber que, aos poucos, se sentirá mais motivada e determinada a realizar todas as suas tarefas com o mesmo ânimo e excelência.

Outra coisa que me energiza demais são os amigos verdadeiros, que conquistei ao longo da minha vida. Bater um bom papo, jogar conversa fora, sair da rotina e tomar uma *drink* num *Happy Hour* no meio da semana não tem preço.

Sou apaixonada por viagens, adoro planejar passeios e roteiros de férias, finais de semana e feriados, principalmente com meus amores: Dudu e Bruno.

Estamos chegando ao final deste capítulo e ainda restam algumas boas dicas:

- Determinar uma meta.
- Fazer novas escolhas sempre que necessário.
- Aprender algo novo todos os dias.
- Usar ferramentas de *coaching* (instrutor que ajuda o seu cliente a evoluir em alguma área da sua vida).
- Ser grata a Deus e ao Universo.
- Sorrir mais.

Espero ter sido uma faisquinha no seu coração e um estímulo para tentar se reinventar, mudar, enfrentar e agradecer pelas novas conquistas.

12

O QUE TRANSFORMA A VIDA DE UMA MULHER?

O AMOR! MAS, O PRÓPRIO!

Neste capítulo, retrato episódios importantes da minha vida. Muitos desafios, mas também conquistas importantes. Acredito que você entenderá o percurso que fiz para chegar até aqui. E o que fiz para realizar os meus projetos. Tudo com base no melhor ingrediente da vida, o amor, que se torna muito especial quando é direcionado a si mesma.

DALVA C. LOURENÇO

Dalva C. Lourenço

Contatos
psicologadalvalourenco.com.br
dalvacor@gmail.com
Instagram: @dalvalourencopsi
17 99738 7615

Saber para onde queremos ir é o primeiro passo para ser feliz. Isso aconteceu comigo, tudo começou com um sonho de infância, na adolescência ganhou forma e tornou-se um projeto de vida. Olhar para o meu passado é enriquecedor, pois reconheço a minha força e determinação, e isso ajuda-me a entender que, enquanto não me tornei prioridade na minha vida, nada aconteceu. Transitei por diversas áreas profissionais, mas foi na psicologia que encontrei minha grande vocação. Sou especialista em avaliação psicológica, pós-graduada em psicoterapia breve e de família. Amante da natureza e das relações com as pessoas, aprendi a me encantar com as histórias de vida. Atualmente, atuando com os contos, vejo-me profundamente comprometida com os processos de autoconhecimento e desenvolvimento do feminino; também sou mentora de mulheres, atuando em grupos nos quais ajudo mulheres a serem mais autoconfiantes, a terem autonomia para escolher as suas vivências e tomar consciência dos caminhos que as ajudam a crescer, a se tornarem protagonistas da sua história, transformando a sua realidade. Assim sou eu na vida, uma mulher livre e feliz que busca fortalecer mais mulheres, que acredita que só assim podemos transformar a nossa realidade.

Você já ouviu falar que o amor cura?

Eu sou Dalva Lourenço e, aos 47 anos, vivo os efeitos do amor em minha vida, pois, com ele, eu me curei e ajudo muitas mulheres a cura-se também.

Hoje, tenho sonhos de infância, que com o tempo tornaram-se projetos. Sou mulher independente emocional e financeiramente, empreendedora, psicóloga e mentora. Ajudo mulheres a se conectar com o seu feminino e a encontrar o seu lugar no mundo, através do autoconhecimento, do resgate da sua essência e da sua força, em especial, por intermédio da leitura dos contos do livro Mulheres que correm com os lobos, de Clarissa Pinkola Estés.

Sinto-me realizada ao exercer esse ofício que estimula e transforma a vida das pessoas. Penso que entender a profissão, que tem a ver com a nossa personalidade, é fundamental para uma carreira de sucesso.

Não posso dizer que tudo foram flores, mas fui descobrindo, em meio a acertos e erros, os caminhos pelos quais devia seguir pela vida. O que mais importava era seguir, persistir, crescer, modificar e transformar a minha realidade.

Entendo, hoje, que já desenvolvia a capacidade de resiliência, e foi exatamente isso que me ajudou a chegar aonde cheguei. Para Tavares (2001), a resiliência passa pela mobilização e ativação das suas capacidades de ser, estar, ter, poder e querer, ou seja, pela sua capacidade de autorregulação e autoestima. Descobrir as suas capacidades, aceitá-las e confirmá-las, positiva e incondicionalmente, é, em boa medida, a maneira de se tornar mais confiante e resiliente para enfrentar a vida no dia a dia por mais adversa e difícil que ela se apresente.

Essa capacidade teve, como base, as minhas primeiras relações, as quais foram positivas, e, sem dúvida, são essas vivências que me ajudam a me conectar com a minha força até hoje. Por mais desafiador que seja lutar para realizar os nossos projetos, podemos encontrar em nós a força e a liberdade de ser quem realmente somos, com responsabilidade, confiança e empatia.

Dizem que existem três ações fundamentais para serem realizadas durante a vida: escrever um livro, plantar uma árvore e ter um filho.

A primeira tarefa, que estou realizando aqui, com muita alegria, é ter sido convidada para esse projeto incrível de mulheres que transformam mulheres, pois confirma que a minha missão maior está sendo concluída com sucesso.

A segunda tarefa, plantar uma árvore, me remete a tempos especiais. Como amante da psicanálise, não poderia deixar de falar da infância, início de tudo, de onde trago uma conexão muito forte com a natureza e com a família. E falar da infância, para mim, é um bálsamo, com lembranças de amor e alegrias.

A infância é rica em aprendizados, é lá que descobrimos como viver, introjetamos muitos aspectos dos pais e cuidadores. Emoções são desenvolvidas e experiências são adquiridas, as quais seguem conosco pela vida. Memórias ficam armazenadas no nosso inconsciente, com elas viveremos construindo e, também, desconstruindo, se necessário.

Nessa perspectiva, Bowlby (1984) afirma que os pais ou figuras cuidadoras terão que ser os primeiros a funcionar como bases seguras pela existência de uma compreensão empática, já que este sentimento de confiança em si e nos outros é fundamental ao longo da vida. É por meio dele que a criança começa a explorar o desconhecido e só o fará se souber que possui uma base, ou seja, alguém disponível a quem se possa recorrer para procurar consolo e proteção, quando necessário.

Minhas vivências da infância foram muito ricas, férteis de sonhos e infinitos estímulos. Nasci e cresci em meio à natureza, num lar muito simples. Quinta filha dos meus pais, tive o privilégio de receber muita atenção e afeto. Meu pai sempre muito amoroso e a minha mãe muito cuidadosa.

Moramos próximos à casa dos meus avós maternos, Ernesto e Maria. A primeira Maria da minha vida. Não conheci o vovô, como todos o chamavam. Mas chegou até mim toda a sua força e determinação para conquistar seus ideais, pelas histórias sobre ele que eu ouvia. Eu admirava-o sempre que ouvia falar dele.

Muitas vezes, a vovó ficava com os seus netos para os pais poderem trabalhar. Ela era aquela típica avó de coque, com avental e sorriso no rosto. Não me recordo de broncas, gritos ou tapas; pelo contrário, ela era sempre muito zelosa e amável com todos nós.

O amor educa e organiza os nossos dias e, em meio a isso tudo, foi sendo transferido para mim o maior legado: o amor, o respeito e a importância da família.

Hoje, entendo que muito do amor e da empatia que transmito para as pessoas que me cercam teve origem forte no meu sistema familiar, essa é a minha maior herança! Esse amor ressoa em mim. Eu sempre falo que, onde não há amor, não me cabe. Ele é o combustível que me alimenta nos dias mais difíceis. Sim, eu já vivi muitos dias desafiadores, mas eu não permiti que eles brilhassem mais que os dias de alegrias.

Aprendi a encarar as dificuldades com paciência e a entender que tudo tem o seu tempo de ser, assim, tento passar tudo o que aprendi e construí a todos que escolhem estar ao meu lado nessa jornada.

Na minha infância, como a maioria das crianças, sempre fui muito criativa, sonhadora, uma criança obediente, quietinha, com uma pitada, sim, de teimosia, curiosidade e claro, de grandes sonhos.

Quando olho para trás e vejo que tudo faz sentido. Acolho aquela criança que ainda existe dentro de mim, que sempre quis transformar a sua realidade e, na maioria das vezes, ainda não tinha claro como seria o seu futuro, mas queria desenvolver-se em diversos aspectos.

Fui uma adolescente com muitas ambições, desejava crescer profissionalmente, fazer novos amigos, explorar o mundo para além do meu lugar de origem. Fui crescendoe, com isso, a vida se transformando. Recordo-me que já não aceitava injustiças, ficava incomodada com as críticas sem sentido, preconceitos maldosos, mesmo que, para a época, isso fosse um tanto desafiador. Logo percebi que eu teria que ser muito firme para me diferenciar e conseguir realizar as minhas metas.

Aquela criança obediente tornou-se uma moça tímida, muitas vezes, amedrontada diante de tantos desafios. Mas continuei as minhas buscas, mesmo com algumas restrições.

O tempo passou e, aos 22 anos, perdi a grande referência de homem, meu pai, que faleceu inesperadamente num acidente. Isso foi o caos em minha história, e tudo ficou triste, cinza e sem vida por bastante tempo, não foi nada fácil continuar sem meu grande herói. Foram muitos dias e noites de lágrimas, de tristeza e dor.

A psicoterapia me ajudou a vivenciar o luto e a dar novos significados para a minha vida. Foi assim que percebi toda a minha força, seguindo muito mais leve pela vida afora.

Mais fortalecida, passei por novas experiências, mudanças de cidade, muitos estudos, novas amizades, conheci pessoas incríveis. Acredito muito que amigos são a segunda família, aquela que Deus nos permite escolher.

Novas vivências, novas possibilidades. Difícil descrever todos os lugares em que morei, as pessoas significativas com quem convivi. Mas tudo está gravado na minha memória.

Anos depois, me formei em Psicologia, tive ótimos mestres, que foram essenciais na minha formação, fazendo parte da realização do meu propósito. Assim, entendi o quanto eu também poderia ajudar muitas pessoas. Encantada pela profissão, comecei a atender e realizei um dos sonhos da infância, a construção de uma carreira sólida e de sucesso.

Outra meta era construir a minha família, a família de amor, como nas minhas referências de infância. Mas num dado momento da minha vida, deixei os meus sonhos e projetos em segundo plano, mas o pior momento de tudo foi dar-me conta de passar por episódios depressivos.

Eu vivia uma vida sem alegrias, passei por um divórcio que eu resisti para não acontecer, mas que num dado momento entendi que seria inevitável. Hoje vejo que foi a melhor decisão, pois ter a família dos sonhos, ali, não seria possível.

A psicoterapia sempre me auxiliou nas minhas decisões, a perceber que eu mesma sentia falta de mim, da mulher criativa, determinada e cheia de vida. Algo estava errado, pois, cuidava de tudo e de todos, menos de mim.

Naquela época, conheci o fundo do poço. Hoje, digo que estar no fundo do poço pode ser uma grande oportunidade de crescimento, pois não há como descer mais, entretanto nada termina aí: para alguns, é o ponto de partida, de onde podemos olhar melhor para nós mesmos, com a ajuda de profissionais capacitados e, assim, construir um futuro melhor, pois seria como se construíssemos, com a nossa vontade de viver, uma escada para sair de lá. Assim eu fiz: toda aquela situação foi a grande virada. Precisei dizer "não" a tudo o que me fazia sofrer e estar infeliz.

A partir daí, tudo mudou. Comecei a reconectar-me com aquela criança sonhadora, com a jovem cheia de planos e, principalmente, com a minha essência, resgatei o meu amor-próprio.

Foram descobertas incríveis, novas experiências pessoais e, a cada dia, me encantava mais pela minha profissão. Assim, passei a dedicar-me inteiramente para mim mesma. Foram vivências riquíssimas, experiências que nunca imaginei viver, estar novamente em contato com a minha essência e com tudo que eu merecia viver naquele momento.

Hoje, meu trabalho é tão especial, pois ajudo muitas mulheres a se reconectarem com o que de mais precioso nós temos, a nossa alma, a nossa essência; ajudo a serem prioridade, a não terem medo de julgamentos, a se redescobrirem fortes quando necessário.

Não há remédio mais potente que uma dose de amor-próprio. Ele rejuvenesce, traz alegrias, cria pontes, mas também impõe barreiras de proteção, se preciso.

Comecei um projeto novo, que se chama Las Lobas, um grupo de estudo do livro Mulheres que correm com os lobos. Por ele, passam dezenas de mulheres que buscam essa conexão com o feminino, a sua essência e o seu poder. A cada encontro, são doses de realidade, de um olhar novo, autoconhecimento profundo, doses de amor-próprio que nos ajudam a seguir com uma vida muito mais leve e feliz.

Estar com outras mulheres nos enriquece de conhecimento e sabedoria, acredito um grupo de mulheres que são como as águas de um rio, que quando se juntam ganham forças.

Essas mulheres passam a identificar muitas armadilhas que aparecem à sua frente, ou até mesmo ciladas que estejam vivenciando. E, principalmente, passam a encontrar forças para transformar as suas vidas e realizar o seu propósito.

Estou cercada de mulheres, tanto na vida pessoal quanto profissional, e como tenho orgulho disso! Trabalhar com mulheres, ajudá-las a também criar um mundo mais satisfatório para si, auxiliá-las nesse processo de transformação.

Muitos dos meus projetos já consegui realizar. E quando alcançamos uma meta, o que acontece? Novos projetos precisam existir para nos colocar em ação; logo, essa busca nunca acaba, e sempre me deparo com muitas coisas a realizar, novas propostas, novos projetos, novos ciclos.

A vida é isso: uma busca por sermos melhores, não melhor que as outras pessoas, mas melhor que nós mesmas a cada dia. Precisamos dar sentido a nossa vida, pois nunca consegui ver a vida como apenas algo cíclico: nascer, crescer, envelhecer e morrer. Não! A vida tem a cor que damos a ela e precisamos agir, construí-la diariamente.

E assim foram os mais recentes anos da minha vida. O meu reencontro comigo mesma, com a minha essência. Muito amor em meu coração, destinado àqueles que realmente se propõem a estarem comigo, dividindo e somando em diversas áreas da minha vida, principalmente pessoal e profissional.

Com tudo isso, construí um lar de paz e amor, mulher, divorciada, mãe de uma menina e de dois *pets*. Filha de uma mulher forte e encantadora, com a qual tenho o prazer de conviver diariamente: Maria, a mãe que tanto amo.

E quando eu menos esperava, mas estando muito pronta, a vida me presenteia com a maior riqueza da minha vida. Como um prêmio, chega a terceira Maria na minha vida, Maria Cecília, minha filha querida, chega para trazer ainda mais luz aos meus dias. Ela permite-me ser mãe e dar a ela todo o amor que recebi do meu sistema familiar, um amor incondicional que me ensina, organiza e orienta muito sobre a maternidade.

Tudo é divino; hoje, tudo fez sentido, foram anos de preparação, até que eu estivesse no momento certo para recebê-la. Eu penso que, quando estamos prontas, o universo faz chegar, até nós, aquilo que a nós pertence, porque paramos de buscar incessantemente; simplesmente realizamos.

E, assim, com as árvores plantadas lá na infância, o livro em andamento, pude concretizar a terceira tarefa, Maria Cecília, que estava nos meus sonhos passa a estar nos meus braços. Ela ajuda-me a manter no meu sistema um o amor imenso.

Você consegue sentir a minha vibração de amor e felicidade, assim como eu sempre senti a dos meus antepassados? Você consegue perceber o quanto você também pode realizar os seus projetos, assumir o seu poder e ser feliz?

Por mais desafiador que possa ser o momento de vida em que você esteja vivendo, não pare! Siga! Busque o seu autoconhecimento, ele é a ferramenta que vai te auxiliar na sua transformação, ajuda a fortalecer o amor-próprio e não deixar nada, nem ninguém, colocar você num lugar de dor.

Não permita que diminuam os seus sonhos e desejos, eles são bens preciosos que nos motiva a continuar, são as dicas que Deus nos dá para encontrar o nosso lugar. Tudo pode começar com um sonho, que transformamos em projetos e, assim, mudamos a nossa realidade.

Inspire-se e seja inspiradora também, afinal somos mulheres, podemos ir muito mais longe do que imaginamos. Eu consegui. Você consegue. Confie. Coloque em ação e transforme a sua vida também, seja qual for seu ideal.

Enfim, podemos ter o nosso espaço e sermos muito amadas, principalmente por nós mesmas, e sempre sermos mulheres que transformam mulheres.

Referências

BOWLBY, J. *Trilogia apego e perda*. São Paulo: Martins Fontes, 1984.

TAVARES, J. *A resiliência na sociedade emergente*. São Paulo: Cortez, 2001.

13

O DESPERTAR DA MEIA-IDADE

Toda mulher passa por grandes mudanças físicas, psicológicas e sociais quando vive a meia-idade, fase que vai dos 40 aos 60 anos. O climatério, a menopausa e o próprio envelhecer trazem um chamamento para o segundo ato da vida. Mas somente aquelas que despertam para as belezas de sua alma e para a sua verdadeira realização são capazes de romper o próprio casulo.

Gaby Costa

Contatos
deboanosenta@gmail.com
YouTube: De Boa Nos Enta
Instagram: @DeBoaNosEnta

Nascida em agosto de 1974, Gaby Costa é graduada em Publicidade e Propaganda pela Universidade Gama Filho, *designer* gráfica, pós-graduada com MBA em Marketing e Comunicação Empresarial pela Universidade Veiga de Almeida e especializada em Marketing Digital. Formada em *Coaching* pela FEBRACIS-RJ, hoje é pós-graduanda em Psicologia Positiva pelo CPAF-RJ. Durante a carreira, atuou na área de criação e planejamento de diversas agências de publicidade, executando importantes trabalhos no mercado. A partir de sua experiência profissional e vivência pessoal pelas neuras e delícias da meia-idade, criou o "De Boa Nos Enta", um importante canal no YouTube e um perfil do Instagram que têm como objetivo levar boa informação sobre essa fase da vida, para incentivar mulheres com mais de 40 anos a fortalecerem a sua autoestima e a resgatarem sua capacidade de realização. Na atual atividade, como produtora de conteúdo, tem despertado muitas mulheres e encontrado o seu verdadeiro propósito de vida.

E aí veio a vida e mudou todas as respostas

Prestes a completar 40 anos a adentrar à meia-idade, passei por alguns dilemas que me deram um tranco e me deixaram sem chão. Diante de profundas questões existenciais, me vi obrigada a confrontar todas as certezas que eu carregava na alma. E ali, desamparada de autoconfiança e desprovida de autoestima, me vi destituída de mim e distante dos meus sonhos, mas mal sabia eu que estava próxima do ponto de virada mais importante da minha vida.

Foi necessário um profundo mergulho no meu próprio autoconhecimento para eu despertar do meu mundo de Alice, onde vivi por longos anos, entorpecida e acomodada dentro do meu próprio país das maravilhas: cercada das minhas crenças, convicções, estereótipos e doces ilusões.

Foi duro e necessário desconstruir o meu castelo, mas hoje, mais experiente, calejada e dona de minha inteireza, consigo enxergar que precisei sair do papel de coadjuvante para voltar a protagonizar a minha própria história. O novo constructo que se desenhou dentro de mim me fez reconectar com a minha essência primária e com a minha verdadeira identidade.

Sim! Sou uma dessas tantas mulheres recém-nascidas pela meia-idade que precisou levar algumas rasteiras da vida para cair em si e acordar para o mundo de possibilidades e inimagináveis conquistas. E hoje, tenho a plena consciência de que só me tornei uma Mulher com M maiúsculo quando me percebi capaz de seguir em frente sem as minhas muletas emocionais.

Cada uma de nós carrega suas dores e cicatrizes, e muitas, ao longo da vida, fazem delas a sua zona de conforto nada confortável. Permitem-se ser engolidas pelos embaçamentos da alma e desconectam-se de seus verdadeiros propósitos. Seguem confusas, tristes, frustradas, sem voz, não realizadas, apagadas e distantes de sua verdadeira identidade e dos sonhos que projetaram para si quando mais jovens. E esse afastamento de si mesma tem um preço que o envelhecer nos cobra, mais precisamente pela metade da nossa vida.

Prestes a completar meus 40 anos, me enxerguei pela primeira vez estranha em meu próprio espelho: me percebi distante da minha autoconfiança e da minha autoestima positiva, sempre tão presentes dentro de mim, e afastada daquela menina corajosa, ousada, cheia de luz, planos e projetos profissionais.

Sempre fui assim: uma pessoa alegre, criativa, comunicativa, espontânea, leve, bem-humorada, família, justa, empreendedora, de sorriso largo, riso frouxo. Carioca, virginiana, casada, mãe de uma jovem mulher e um adolescente, sou filha de dois baianos de sangue arretado e venho de uma família amorosa e bem-estruturada de classe média que sempre valorizou os estudos. Sou a irmã do meio de quatro filhos e na criatividade, entusiasmo e comunicação encontrei meus propósitos para me construir enquanto pessoa de bem com a vida.

Sou apaixonada pelo meu trabalho. Criativa ao extremo, perfeccionista e com uma sensibilidade apurada, sempre acreditei no meu talento e capacidade de realização.

No campo profissional, sou publicitária, *designer* gráfica, pós-graduada em marketing e atualmente curso uma pós-graduação em Psicologia Positiva. Sempre atuei na área da comunicação social, trabalhando no setor de criação de diversas agências de publicidade e propaganda. Aos 25 anos, ousei enviar o meu currículo com meus principais projetos criativos para Marlene Mattos, ex-diretora da TV Globo. Minha coragem e talento me levaram a trabalhar por dois anos no escritório da Xuxa Produções. Xuxa e Marlene se separaram profissionalmente e, em seguida, fui trabalhar na estrutura corporativa da empresária. Infelizmente, os trabalhos por lá ficaram escassos e foi então que resolvi me aventurar no empreendedorismo: montei meu próprio escritório de marketing e continuei atendendo Marlene e diversos outros clientes em suas demandas publicitárias.

Nesse período, meu segundo filho nasceu e acabei trazendo a estrutura de trabalho para casa. Com duas crianças pequenas correndo pelos cômodos, marido e afazeres domésticos mais próximos, acabei diminuindo naturalmente o meu ritmo profissional e, sem perceber, fui me afastando gradativamente da minha carreira, sonhos e projetos.

Dos 34 aos 39 anos, vivi praticamente em função da família, filhos, casa e marido. Os trabalhos se tornaram espaçados e, sem me dar conta, minha individualidade, carreira e o meu brilho nos olhos passaram a ficar em segundo plano.

Às vésperas de completar 39 anos, passei por alguns questionamentos e problemas pessoais que me levaram para o divã da terapia. Ali me percebi distante da minha própria identidade, da minha voz e da minha própria luz. Sem perceber, eu havia hibernado e desvinculado de mim mesma. Sem meu trabalho eu estava incompleta, improdutiva, infeliz profissionalmente e desconectada da minha própria vitalidade.

Sem trabalhar, me sinto assim: vazia, inútil e apática. Sem projetos, me sinto sem entusiasmo e sem futuro. Aquela crise existencial foi um grande divisor de águas em minha vida. Fez-me enxergar que eu estava vivendo o NÓS e sufocando o meu verdadeiro EU.

Mesmo representando inúmeros papéis enquanto mulher, ora mãe, ora esposa, dona de casa, profissional, filha, irmã ou amiga, acredito que é no trabalho vocacional que encontramos a nossa autenticidade, aquela voz que de fato expressa quem somos e o que queremos dizer ao mundo ao nosso redor. Acredito que ao realizarmos de forma apaixonada um trabalho (remunerado ou voluntário) é que expressamos nosso canto, nossa produtividade, nos conectamos com o propósito da nossa alma e trazemos significância à nossa vida.

Sentindo-me, nesse período, distante do meu impulso vital – o meu trabalho, que tanto me realiza –, parti numa viagem ao encontro de mim mesma. Pelo caminho do autoconhecimento, tratei algumas feridas, acolhi minhas limitações, meus pontos de melhoria, potencializei minhas habilidades, descansei sob as descobertas dolorosas e deliciosas ao meu respeito, reformulei minhas perguntas e tracei novos planos. Tomei fôlego para me construir numa mulher mais forte, inteira e desperta que segue sua jornada com crescimento, conquistas, frustrações, recolhimentos necessários e indagações pertinentes.

Foi então que, no meio desse meu reflorescer e autodesenvolvimento, alcei novos voos. Após novos aprendizados nos cursos de especialização em marketing digital, decidi criar um canal no YouTube, no qual eu pudesse explorar meus conhecimentos técnicos recém-adquiridos sobre a plataforma e ainda contribuir na vida de outras pessoas.

Especializada em marketing e experiente das dores e delícias da meia-idade, percebi que muitas outras mulheres, assim como eu, padeciam com as mesmas questões existenciais e passavam por semelhantes transições, dúvidas, dores, desejos e necessidades.

Diante disso, resolvi juntar meu *know-how* profissional e vivência pessoal a essa carência de mercado e, aos 42 anos, construí um espaço de informação, troca de experiência e motivação para essa mulher que está aqui comigo pela casa dos "-enta", vivendo e experimentando todas as neuras e delícias da maturidade. E assim nasceu o canal "De Boa Nos Enta".

O "De Boa Nos Enta" nasceu em dezembro de 2016 e é uma comunidade no YouTube e Instagram que busca levar boa informação, dicas valiosas e maiores esclarecimentos sobre o universo feminino durante a meia-idade, que compreende dos 40 aos 60 anos.

Por meio de conteúdos de qualidade, converso sobre muitas questões que nos cercam nessa fase tão hormonal da vida, um período singular de transição física, psicológica, fisiológica e social em que nos tornamos inférteis, passamos pelo climatério, adentramos à menopausa, vivenciamos o ninho vazio, nos preparamos para uma eventual futura aposentadoria, experienciamos relacionamentos maduros, passamos por um divórcio ou até encontramos um novo amor, além de assistirmos mais de perto à juventude escapar por entre os dedos.

Pela meia-idade, a percepção do envelhecer é mais iminente e nos enxergamos menos jovens a cada dia: esse limbo da metade da vida nos aponta que o tempo está passando e isso pode ser assustador numa sociedade em que se cultua o mito da beleza e eterna juventude. Por aqui, diante do nosso espelho e de frente às rugas que se sobrepõem em nosso semblante, fazemos um balanço mais duro sobre a nossa própria existência, conquistas e frustrações.

Meu trabalho junto ao "De Boa Nos Enta" tem como propósito ser um canal motivador da força interior feminina e nasceu do meu próprio movimento de busca, crescimento, inquietude, rompimento e de coragem para voltar a me construir numa pessoa realizada. E, ao olhar para o lado, vi tantas outras mulheres desinformadas, perdidas em seus próprios dilemas e ainda presas a seus próprios casulos.

Meu movimento resultou num voo desperto e tem criado asas em minhas seguidoras, que encontram nesse meu trabalho, além boa informação, mais alegria, conforto, acolhimento, esperança, leveza, motivação e inspiração para suas vidas. Busco incentivá-las nessa etapa a fortalecerem a autoestima e a resgatarem a capacidade de realização, assim como eu mesma resgatei.

Bem sei que não é fácil virar borboleta, romper com algumas limitações, medos, crenças, estereótipos e padrões que nos moldaram a vida inteira. Assumir a idade, dar voz a quem de fato somos e acolher o envelhecer pode ser intimidante, mas com certeza pode nos proporcionar um reencontro libertador com nós mesmas e uma grande metamorfose. A própria maturidade da meia-idade nos proporciona essas mudanças. Por aqui, diante das nossas cobranças e algumas perdas, existem ganhos e também incríveis descobertas positivas que nos reconectam com a nossa verdadeira essência.

Apesar das rugas que surgem sem pedir licença, de um maior cansaço físico que se instala, da vista cansada que chega, dos cabelos brancos que brotam e da flacidez que se impõe nos lembrando que já não somos mais tão jovens, conforme envelhecemos, ganhamos também mais sabedoria, aprimoramos nossos gostos, experimentamos novos sabores, prazeres, encontramos outros valores, significados, satisfações e desfrutamos com mais tranquilidade de cada momento que a vida nos oferece. Grandes delícias que só a maturidade da meia-idade nos reserva. Basta aprender a ressignificar conceitos e valores, se permitir e sair a campo para realizar seus sonhos ou construir novos. E pode acreditar: quando se tem muita coisa para realizar, a idade não pesa e a vida segue trilhando seu caminho trazendo bons frutos.

Eu mesma tenho experimentado o gosto doce da colheita. Gostinho de recomeço, de renascimento, redescoberta e reencontro comigo mesma. Voltar a se priorizar, se experimentar em nossa solitude e apreciar a própria companhia. Descobrir novos talentos e acordar dons adormecidos. Sonhar, conquistar, criar coragem e bater asas de volta para o nosso próprio ventre.

Nessa fase, temos pressa de viver, desabrochar, acertar o passo e arrumar a bagunça que talvez grite em nossa alma. Aprendemos a ser a nossa melhor amiga, a valorizar as pequenas coisas e as pessoas que realmente importam. Entendemos, acima de tudo, que bem-estar, qualidade de vida e felicidade são reencontrar os tesouros que nos foram roubados durante o percurso e criar riquezas com a vasta matéria-prima que colecionamos até aqui.

Hoje, em retrospecto, consigo enxergar que as perguntas sem respostas que eu carregava dentro da alma, perto de adentrar à meia-idade, iniciaram a busca para a minha transformação numa pessoa mais consciente, plena e preenchida de mim mesma. Reconectei-me com meu verdadeiro canto e encontrei propósito nesse novo projeto profissional, carregado de acolhimento e entusiasmo, que tanto me realiza. Pelo "De Boa Nos Enta", tenho informado e despertado outras mulheres para suas forças, belezas, potencialidades e transformações. Por meio de ferramentas de inteligência emocional, as transporto para importantes autorreflexões a cada conteúdo produzido.

A meia-idade nos traz diversos questionamentos e pode trazer inúmeras inseguranças, principalmente com a aparência mais envelhecida e algum possível sentimento de invisibilidade, mas é uma fase que pode ser transformadora e também a mais bela e produtiva da nossa vida se fizermos as perguntas certas que nos levam às escolhas mais coerentes perante situações desafiadoras. E a cobrança da metade da vida nos conduz a esse despertar, para que possamos nos transformar em mulheres mais fortes, conscientes, realizadas, preenchidas de si, cercadas de projetos, sonhos, atitudes, recomeços, com rugas ou sem rugas, mas com muito brilho nos olhos.

Deixo aqui, então, o meu convite para você se unir ao "De Boa Nos Enta" e caminhar conosco mais desperta pelo universo feminino da maturidade, aprendendo sobre as transformações físicas, psicológica e socioculturais que nos aguardam, apreciando mais as belezas da sua alma, autenticidade, poder, dons e capacidades.

Sim! É possível vivermos uma vida mais feliz, carregada de propósito e realização, e a meia-idade é um grande convite para esse nosso florescer.

Mulheres que transformam mulheres

14

COMO DESPERTAR O SEU TALENTO?

As páginas do seu palco de viver contam a experiência potente e transformadora de fé, resiliência e superação de uma nordestina em Portugal. De terapeuta ocupacional a mentora de mulheres, encontrou, na sua metamorfose emocional, a sua força. Nesse processo de redescobertas, empoderou-se dos seus talentos, abriu mão de rótulos, encontrou sua voz e traçou um novo caminho profissional.

INDIARA GOMES DE OLIVEIRA

Indiara Gomes de Oliveira

Contatos
contatoindiaraoliveira@gmail.com
Instagram: @indiaraoliveira1
LinkedIn: Indiara Oliveira
351 93802 9097

Sou uma entusiasta e apaixonada por pessoas! Nasci em São Luís e vivo há 10 anos em Portugal. Os meus valores inegociáveis são a família, a fé e o conhecimento. Sempre gostei de estudar e ensinar, de me desafiar, de conhecer novas culturas, de livros, de expressar o meu lado comunicativo e criativo, de extrair o lado bom de tudo o que acontece. Após uma transição de carreira em 2020, passei de mestre em terapia ocupacional a mentora de mulheres, *master coach*, especialista em Perfil Comportamental e Eneagrama, cocriadora e treinadora da imersão Mulher Autêntica. É um sonho realizado escrever meu segundo livro em 2022. Desde os meus 12 anos, é na escrita que viajo, me realizo e me encontro. É muito especial dar acesso à minha criatividade pela escrita, contando a minha história para você. Vem comigo entender como o autoconhecimento libertou-me, curou-me, conectou-me com a minha potência interna e me levou para outro patamar profissional.

Uma nordestina em Portugal. É assim que abro esta página do palco da minha vida. Antes de mais nada, deixe-me explicar onde tudo começou. A minha mãe, Isabel, nasceu em Lisboa e foi para o Brasil com os meus avós maternos há 40 anos e, em São Luís, conheceu o meu pai, António. Sou a segunda filha de cinco filhos.

A primeira vez que vim a Portugal passar férias foi em 2008. Apesar de a cultura portuguesa ser intrínseca à minha infância, muita coisa era novidade para mim. Conheci mais de perto as raízes que vinham da costela da minha mãe. Tive a oportunidade de conhecer e conviver mais com os meus avós maternos, matar a saudade da minha irmã mais velha e de uma grande amiga, que já viviam em Portugal há alguns anos. Voltei para o Brasil em dezembro de 2008, e a vida continuou.

O momento decisivo passei em 2011. Após um término de namoro, tomei a coragem de realizar um sonho que antes parecia muito distante da minha realidade: estudar fora. Fiz todo o processo seletivo de forma on-line no Brasil para fazer um mestrado em Terapia Ocupacional em Portugal, ao qual tive a felicidade de ser aprovada na instituição pública Escola Superior de Saúde do Porto. Lembro, como se fosse hoje, o sorriso no rosto, o sentimento de gratidão e a certeza de que seria um novo caminho, um respiro, uma nova oportunidade que eu dava para mim mesma.

Passei a viver com a minha irmã em novembro de 2011, numa cidade chamada Espinho, que fica a três horas de distância de Lisboa. Comecei na semana seguinte o mestrado e, numa primeira fase, precisei observar mais do que falar para entender como viver alimentada por outra cultura.

Agora uma dose de amor: conheci o amor da minha vida num café. Dois meses depois, estava eu a namorar com o português mais lindo de todos, o Miguel.

Tudo caminhava bem, mas eu ainda precisava entrar no mercado de trabalho. Em relação ao trabalho na minha área, foi um processo desafiante. Naquela altura, não existiam tantas vagas, e quando havia, era para lugares bem distantes de onde eu vivia. Naquele momento, descruzei os braços e fui em busca de trabalho independente na área que fosse. Nos próximos dois anos, trabalhei numa empresa de telecomunicação, numa loja de celulares no shopping, fui promotora em supermercados da marca Pantene, e ainda cheguei a fazer algumas horas como recepcionista numa academia.

Momento de respiro. Os dois primeiros anos foram desafiantes, apesar das várias conquistas. A saudade gritava dentro de mim, manifestando-se pela ausência dos abraços que aconchegam a alma, da família e de amigos que me compreendiam só pelo olhar, do som da melodia da minha nação, do cheiro do café da avó paterna, da textura das dunas soprando na minha face, do andar descalça e sentir a temperatura do chão, conectando-me com as minhas raízes e, no meio desse misto, aparecia também o nó na garganta acompanhado da sensação de estar perdida, dos questionamentos: será que é aqui o meu lugar? Nessa fase, abafei todas essas emoções e decidi seguir a razão e continuar com o objetivo de finalizar o meu mestrado.

Em setembro de 2013, finalizei o meu mestrado com uma nota excelente. Lembro-me de terminar de apresentar a minha tese e a sensação de vibrar por dentro, do brilho nos olhos, das mãos suadas, do sorriso estampado e da certeza de que a missão foi cumprida.

Uma dose de coragem. Mesmo no meio de todos os desafios, não desisti de procurar vagas na minha área. Até que, em 2014, fiz uma entrevista para um estágio profissional como terapeuta ocupacional num lar de idosos para trabalhar na área das demências, e fui contratada durante um ano. E exatamente um mês antes de finalizar o contrato do estágio, fui a uma entrevista em fevereiro de 2015 para trabalhar num projeto ligado às escolas, como terapeuta ocupacional.

Momento de celebrar. De colher os frutos que semeei

Uma dose de aventura. Chegou o momento de aproveitar uma das grandes vantagens de se viver na Europa, viajar. Conheci e desbravei com Miguel alguns países da Europa e América do Norte e África. Expandi horizontes, conheci novas culturas, novas pessoas e construí memórias. E sabe aquela sensação de gratidão? Naquele momento, eu lembrava o quanto uma decisão pode moldar o nosso destino e o quanto eu sou grata a Deus por tudo.

Em 2016, fui convidada para ser Vice-Presidente da Associação Ser Mais Dar Mais, Terapeutas Sem Fronteiras, e fui numa missão de voluntariado para a ilha da Boa Vista, Cabo Verde, África. Aprendi muito sobre a palavra altruísmo.

Pausa. Agora vem a erupção do meu vulcão interno.

Quando tudo parecia estar bem por fora, no segundo ano que estava aqui em Portugal, o preço de esconder aquele misto de emoções entrava em erupção.

Em 2017, tive a oportunidade de ser coordenadora de um grupo de oito voluntários, na ilha da Boa Vista. E foi exatamente durante a missão de voluntariado que o meu mundo desabou.

Lidar com o desafio da desigualdade social me fez mergulhar dentro das inquietudes do meu ser, e dali vieram diversas perguntas que ecoavam e se manifestavam pelo peso nos ombros das verdades que aceitei sem questionar.

Em busca de sentido

Após dias vivendo esses sentimentos, me deparei com o meu abismo emocional. Já não era possível vestir a capa do otimismo exagerado, para não me conectar com o meu nó emocional. Ele precisava ser desfeito. E a pergunta do momento era: como cheguei até aqui?

Pausa para respirar. Decidi abraçar as minhas emoções reprimidas.

Ao ganhar fôlego, entendi que a única responsável por tudo aquilo que aceitei e tolerei era eu mesma. Decidi me despir emocionalmente e tecer o novo caminho. A pergunta agora era: por onde começa a mudança?

Pela decisão. Aceitar quem somos. Por despertar a consciência e agir em direção aquilo que nos move.

A partir de agora, todas as vezes que me referir à palavra "pílula" significará que estou subindo mais um nível e que o meu lar emocional está mais leve e vibrante.

A primeira *pílula*, a da mudança, naquela altura, foi ver vídeos de desenvolvimento pessoal e aplicar o conhecimento ao meu dia a dia. Mas, com o tempo, entendi que, apesar de ser bom ter escolhido desenvolver a minha inteligência emocional de forma intencional por meio conteúdos que consumia e aplicava, aquilo ainda era algo raso. Senti que precisava ir além.

A segunda *pílula*, do autoconhecimento, aconteceu em abril de 2019, quando fiz a minha análise de perfil comportamental com a minha prima Bianca Targino – sou muito grata por isso. Já ouviram falar? Para mim, foi um divisor de águas. Por intermédio dela, pude entender quais eram os meus talentos naturais, os meus pontos a desenvolver, as minhas motivações internas, os medos, os comportamentos que tinha em situações de pressão ou estresse, o meu estilo de liderança. Pude ainda perceber como o meio me enxergava e que tipos de comportamentos deveria ter para atingir alta performance. Que ferramenta poderosa do autoconhecimento!

Agora eu te pergunto: para que serve tudo isso?

Eu te conto: me ajudou, em primeiro lugar, a fazer as pazes comigo mesma. Desde que vim morar em Portugal, em novembro de 2011, senti muita necessidade de reprimir o meu lado mais espontâneo, comunicativo e criativo para me adaptar culturalmente. Tive a necessidade de falar menos, de observar. Com o passar dos anos, passei a me desconectar da minha verdadeira identidade para sentir-me aceita, amada e respeitada. Afinal, é tudo isso que queremos, não é mesmo?

Mas isso tinha um preço: a liberdade de ser quem sou

Ao acessar a minha verdade interna, percebi que estava guardando o meu chamado dentro de uma caixa fechada a sete chaves, e que só eu tinha o poder de abrir.

Nesse processo de redescoberta, aprendi a valorizar os meus pontos fortes em vez de martirizar por aquilo que não sabia. A respeitar o meu limite. A enfrentar os meus medos de forma mais sábia, a lidar com situações de estresse com inteligência emocional.

Abracei-me. E me conectei com a minha verdadeira identidade

A terceira *pílula* foi a do propósito. Em novembro de 2019, fiz a formação do Eneagrama com o Eduardo Torgal, no Porto. É um teste da personalidade que estuda nove perfis de personalidade: como se pensa, sente e age e os seus diferentes níveis de consciência. Depois de três dias de formação, iniciei uma transformação interna que permitiu conhecer-me de maneira mais profunda. Foi um caminho de reencontros e compaixão com a minha própria história.

A partir daí, senti que havia algo maior. Chegou a hora de usar a minha voz para potencializar e transformar mulheres pelo desenvolvimento pessoal. Nasceu um porquê conciso, mais forte do que qualquer "como".

A pergunta agora é: o meu propósito me encontrou ou eu encontrei o propósito? Deixo que você decida por mim.

A quarta *pílula*, a do conhecimento: em julho de 2020, me tornei especialista em análise de perfil comportamental Cisassessment. Lembro-me bem da sensação de realização, os pontos começavam a se conectar, e cada vez mais ficava claro onde o meu coração vibrava.

Sempre ouvi dizer que eu tinha a palavra certa, no momento certo, e que, ao mesmo tempo que trazia acolhimento, tinha uma voz de força, de encorajamento que impulsiona as pessoas a agirem na direção certa. Sinto que o meu superpoder é enxergar, muitas vezes, o que as pessoas não veem.

E agora, chegou o momento de empacotar tudo aquilo que fiz de forma tão natural, somado ao conhecimento, e colocar em prática.

A quinta *pílula* foi a da coragem. Em agosto de 2019, fiz a minha primeira sessão de perfil comportamental e, desde então, não parei. Deixo que as palavras de duas clientes que tive o prazer de fazer parte do seu processo de autodescoberta e evolução falem por mim.

Em outubro de 2020, atendi Jéssica Costa.

"Após a minha Análise de Perfil Comportamental, dei um 'boom' na minha vida profissional e pessoal. Passei a usar os meus pontos fortes de organização e planejamento a meu favor, e tornei-me uma Personal Organizer após ter feito a minha análise".

Em dezembro de 2021, atendi Amanda Paris.

"O seu olhar clínico aprofundado em relação aos meus talentos e os pontos a desenvolver me levou para outro patamar. Empoderei-me dos meus talentos e decidi masterizar a minha criatividade. Em menos de dois meses, criei o meu curso de edição de vídeos. Já estou na minha segunda edição, foi um sucesso".

Estar alinhado com a nossa potência interna é o que faz a gente acordar todos os dias com vontade de dar o nosso melhor, com o brilho nos olhos, com energia, com motivação e disciplina.

Eu vivi na pele a experiência de procurar fora o que sempre esteve dentro de mim. E a verdade é que automatizar tudo que fazemos nem sempre é tão positivo. Esquecemo-nos de nos questionar, de entender o porquê fazemos o que fazemos, de ouvir exatamente o que ressoa dentro de nós.

A sexta *pílula* foi a do crescimento: em 2020, especializei-me em *Coaching* Integral Sistêmico pela Febracis Lisboa. E no ano seguinte, tornei-me *Master Coach*. Investi em formações na área do *business*, de inteligência emocional e financeira, e continuei me especializando em comportamento humano e neurociência.

Outra pausa para mais uma dose de amor

Em 2021, realizei o sonho de me casar com Miguel. Que momento único e especial!

A sétima *pílula* foi a da fé. Após um ano conciliando o trabalho que desenvolvia nas escolas em Portugal como terapeuta ocupacional, em setembro de 2021 criei coragem para assumir o meu chamado, sair do serviço semipúblico para viver transformando e potencializando mulheres pelo desenvolvimento pessoal.

Minha missão estava cada vez mais clara: usar a minha voz para aumentar a autoconfiança da mulher, o amor-próprio, o alinhamento interno e a liberação do seu talento conciliado à liberdade financeira.

É sobre despertar sonhos. Ação. Realização

Em julho de 2022, em menos de um ano da minha transição de carreira, tive a oportunidade de atender a centenas de pessoas de países diferentes (Brasil, Portugal, Estados Unidos, Moçambique, Suécia, Suíça, França, Escócia e Espanha), entre sessões individuais presenciais e on-line, mentorias, palestras, cursos on-line e a imersão Mulher Autêntica presencial em Lisboa – Portugal.

Agora, é com você! Vamos colocar em prática o conhecimento?

Convido-te para pegar um papel e uma caneta para responder às seguintes perguntas: quais são os seus talentos naturais e as suas fraquezas? Qual talento adormecido você pode usar para conquistar os seus sonhos? Se você pudesse utilizar 100% do seu potencial, quem você seria?

Durante minha viagem interna, deixei o meu coração falar por mim. Agora que já me conhece, seria um prazer conhecer um pouco da sua história e me conectar com você. Acredito que a história tem o poder de curar, inspirar, encorajar, conectar e até mesmo de transformar vidas. Espero te encontrar nas minhas redes sociais.

Finalizo este capítulo agradecendo a você, leitora, por ter acompanhado a minha metamorfose emocional e meu crescimento pessoal e profissional. Espero que, em algum momento dela, possa ter se inspirado, refletido, se conectado consigo mesma e, quem sabe, até decidido agir em direção ao seu futuro extraordinário.

Autoconhecimento é uma jornada. Um estilo de vida.

15

A ECONOMIA DO CUIDADO

Você se sente cuidada? Se precisasse de cuidados, quem cuidaria de você? Você precisaria pagar por esse cuidado? Você é paga para cuidar? Perguntas simples e diretas, mas elas contêm muitas constatações e reflexões. O que será abordado aqui pode não ser tão agradável quanto a palavra "cuidado" sugere. Por se tratar de um tema tão complexo, o objetivo não é chegar a uma conclusão ou esgotar o tema, e sim à conscientização e à reflexão.

IVANA PORTELLA

Ivana Portella

Contatos
www.acasacomvida.com.br
ivana.portella@acasacomvida.com.br
21 99958 8592

Empreendedora nata, escolheu o trabalho de *personal organizer* para levar bem-estar à vida das pessoas, entrando pela porta das casas delas. Em sua trajetória profissional e acadêmica, passou por áreas que contribuíram para sua *expertise*, sempre buscando alinhar seu trabalho com seu propósito de vida, que é a certeza de que o bem-estar começa no indivíduo, se estrutura na casa e, por consequência, se expande para fora dela, seja no trabalho ou em qualquer outra relação social. Atualmente, se dedica ao projeto "A Casa com Vida" com suas sócias Micaela Góes e Stella Rangel. A casa-escola é um centro de treinamento que aborda assuntos relacionados à casa e às relações nela estabelecidas, com a finalidade de estimular a convivência familiar harmoniosa e sustentável.

Para começar, imagino que a maioria das leitoras deste livro sejam mulheres, por isso vou começar com essa transgressão, vou escrever no feminino; vamos entender como uma pequena reparação histórica. Deixo claro que os homens sempre são bem-vindos e necessários nessa leitura, mas vou considerar o gênero da maioria, e convido os homens que porventura se sentirem incomodados para persistirem na leitura, por favor! Lembrem-se de que nós, mulheres, vivemos isso todos os dias em todos os âmbitos e persistimos, então sejam generosos e fiquem. Ajam como uma mulher.

> Cuidar das coisas implica ter intimidade, senti-las dentro, acolhê-las, respeitá-las, dar-lhes sossego e repouso. Cuidar é entrar em sintonia com auscultar-lhes o ritmo e afinar-se com ele.
> (BOFF, 2017)

Essa foi a definição mais completa e comovente que tive a oportunidade de ler sobre o assunto, mas precisamos ir além do romantismo. Que tal pensarmos no quanto esse sentimento de ternura pode nos envolver a ponto de priorizarmos sempre o cuidado dos outros? Isso acaba transformando-o em uma obrigação sem valor. Cuidar faz parte da natureza humana e, especificamente, segundo o patriarcado, certos cuidados fazem parte apenas da natureza feminina.

Então, como tornar o cuidado feito por uma obrigação de amor em algo tangível?

Para contextualizar e humanizar, peço licença para compartilhar minha experiência pessoal e profissional com algumas histórias. Para facilitar, vou dividir o tema em três tópicos: Cuidados Domésticos, Cuidados Parentais e Autocuidado.

Cuidados domésticos

Entendem-se por cuidados domésticos todas as tarefas relacionadas à organização, alimentação, limpeza e manutenção da casa visando ao bem--estar dos moradores.

Sou neta de uma lavadeira e filha de uma empregada doméstica, ambas donas de casa. Minha avó, Pamela, uma das maiores referências de cuidado e paixão da minha vida, é um paradoxo em si: sábia e analfabeta, conservadora e mãe solteira na década de 1920, filha de italianos e grande conhecedora das ervas medicinais brasileiras.

Toda lembrança que tenho da minha avó Pamela é dela cuidando: da casa, da família e da vizinhança. Cuidar era sua condição pessoal, profissional e de lazer, era receber a todos para o almoço aos domingos e em datas festivas.

Fazia todas as tarefas dos cuidados da casa e das pessoas, feliz. Pelo menos era o que me parecia. Mas, hoje, me pergunto se era felicidade ou a aceitação de uma condição que, dentro dos conhecimentos e vivência dela, era um privilégio. Branca, casada, mesmo com um filho anterior ao casamento, casa própria e mesa com comida simples, mas constante.

Tudo para ela era meio *blasé*, menos o futebol, era torcedora fanática do Flamengo, ouvia todos os jogos e resenhas, sabia toda a escalação e discutia táticas e desempenho com qualquer especialista. Não disse que ela era um paradoxo?

Era de poucos afagos, seu cuidado era prático, relacionado à saúde e ao bem-estar físico e mental; era excelente conselheira. Cada membro da família tinha um cuidado especial dela, uma forma especial de atenção. Nunca precisou ser cuidada, até a sua morte foi como ela tanto pedia, sem dar trabalho a ninguém. Faleceu em setembro de 1985, dias antes de completar 86 anos, em consequência de um AVC.

Outra referência é a minha mãe, Adelaide, criada dentro das regras de uma família cristã; mulher inteligente que sonhava ser enfermeira, precisou abrir mão do sonho ainda criança, deixando a escola com 12 anos para ajudar a minha avó nas lavagens de roupa para fora. Aos 16 anos, teve a oportunidade de um trabalho como copeira em um banco e de voltar a estudar à noite, mas meu avô não autorizou, achava que seria mais útil que ela continuasse como doméstica em uma casa de família e ajudasse minha avó e tia nos cuidados da casa.

Diferente da minha avó, ela vislumbrava uma vida melhor, mas aceitou a sua sorte e poucos anos mais tarde casou-se com meu pai, com quem construiu nossa família, cheia de cuidados e, como minha avó, feliz por todo privilégio. Não tão conformada quanto minha avó, mas tão cuidadosa quanto ela.

Eu acordava e dormia vendo minha mãe se alternar entre a máquina de costura, tarefas da casa e os cuidados com familiares que necessitavam da sua ajuda, e creiam, sempre cantando, sempre sorrindo e fazendo graça com o que podia. É responsável pelo meu senso de humor, minha paixão pela música e pelo cinema.

Moramos na casa ao lado da de minha avó até meus oito anos, quando, por causa do meu pai, tivemos que nos mudar. Nesse momento, eu entendi que precisava cuidar mais do que ser cuidada. Fomos morar num ambiente hostil, do qual meu pai estava muito ausente, minha mãe era muito vulnerável e meu irmão era indefeso com cinco anos. Essa era a minha visão e sentimento, e no auge dos meus oito anos, tive que aprender a cuidar de mim e da minha família.

Trouxe essas histórias das mulheres da minha família por saber que muitas se identificam com elas ou conhecem histórias como essas, por uma peculiaridade ou outra, seja afetiva, geográfica ou financeira.

Fomos educadas com base nessas verdades e os homens do nosso entorno também. Nossas crenças e personalidade foram forjadas por mulheres que cuidavam de nós e que abriram mão dos seus sonhos para cuidar de alguém ou de algo. Algumas, que persistiram em seus sonhos, tiveram que se dividir em múltiplas jornadas: de trabalhos, estudos e cuidados domésticos. Mesmo quando tinham funcionárias em casa, nas folgas os cuidados eram entendidos e aceitos como delas. Mas por que só delas?

Porque repetimos padrões; por meio dessa convivência e educação, trouxemos para nós, mulheres, a responsabilidade dos cuidados, por motivos óbvios: fomos alimentadas, lavadas, ninadas e educadas na maior parte do tempo por essas mulheres, enquanto os homens eram servidos por serem os provedores, trabalhavam para manter financeiramente a família e eram cuidados por elas por amor e gratidão. Isso quando eles existiam: na realidade, a maioria das casas não conta com a figura paterna.

Por isso é tão importante falar sobre o segundo tipo de cuidado.

Cuidados parentais

Os Cuidados Parentais estão incluídos nos Cuidados Domésticos, mas vão além da casa.

Como a expressão sugere, diz respeito aos cuidados oferecidos aos familiares, crianças, adolescentes e idosos. Tenho muitas fontes de pesquisa que logo citarei, mas por enquanto ficarei na minha observação. Neste item serei mais provocativa, farei perguntas e gostaria que vocês respondessem honestamente: HOMEM ou MULHER.

Por quem você mais tem lembrança de ser alimentada quando criança?

Quem te levava e buscava da escola?

Quem te levava ao médico?

Quem leva as crianças da sua família e as que conhece ao médico?

Quem cuida das tarefas da casa? (Na ausência de uma funcionária, caso tenha.)

Quem leva os idosos da família ao médico quando eles precisam de companhia?

São poucas perguntas, mas posso apostar que a maioria das respostas é: MULHER.

Como viabilizar o trabalho invisível das mulheres na economia do cuidado?

Faço isso no meu trabalho como *Personal organizer* nos últimos dez anos: organizar casas e rotinas e transformar o cuidado em um trabalho bem remunerado na minha empresa A Casa com Vida. Observo no meu trabalho a múltipla jornada das mulheres na esmagadora maioria das casas.

É um micropasso diante do que é necessário, mas uma oportunidade imensa de conscientizar a sociedade, por isso venho me informando e gostaria de compartilhar alguns números.

- 7 milhões de mulheres são trabalhadoras domésticas.
- 93% das trabalhadoras domésticas da América Latina e Caribe são mulheres.
- A amamentação ocupa 650 horas de trabalho nos primeiros seis meses de vida.
- Por semana, as mulheres gastam 61 horas de atividade não remunerada.
- O trabalho de cuidado não pago das mulheres equivale a 10,8 trilhões de dólares, apenas 4 economias no mundo ficam acima desse valor.
- O trabalho de cuidado não pago feito por mulheres representa uma economia 24 vezes maior do que a do vale do Silício.

(Fonte: thinkolga.com)

Guardem essas informações e avaliem estes casos que testemunhei.

Primeiro caso: Paula e José

Casal bem-sucedido em suas carreiras e finanças, com uma filha de três anos.

Os dois juntaram dinheiro por dez anos e compraram o imóvel dos seus sonhos, para o qual fui contratada para fazer a organização da mudança e criar uma rotina de tarefas para a funcionária. Para isso, precisei observar e conhecer os hábitos da casa.

Paula saía cedo e deixava a cargo do José os cuidados do preparo e da ida da filha para escola, Paula buscava a filha, de quem cuidava até a chegada do José, que preparava o jantar deles enquanto Paula colocava a filha para dormir. Antes do nascimento da filha, José praticava um esporte, com direito a ser federado por seu desempenho, mas com o nascimento da filha, em comum acordo, ele abandonou o esporte para se dedicar aos cuidados conjuntos. Eles continuam juntos e tiveram mais um bebê recentemente.

Segundo caso: Relato de um aluno

A esposa recebeu um convite muito bom para a carreira em outro estado e, juntos, decidiram que ele abriria mão da sua carreira para cuidar da filha de cinco anos e das tarefas da casa. Quando a filha fez dez anos e já estava mais independente, ele resolveu voltar para o mercado, mas em um segmento diferente da sua formação anterior, que permitisse a ele mais oportunidade de continuar cuidando da casa e da filha. Assim, iniciou a nova carreira de *Designer* de interiores e *Personal organizer*.

Anos mais tarde, se separou e estava solicitando judicialmente a guarda da filha, que foi com a mãe, já casada com outra pessoa, para outro estado.

Quando exemplificamos os cuidados aos HOMENS, a perda fica mais evidente.

Bastaram dois casos isolados para imediatamente repensarmos o cuidado parental com a participação dos homens com perdas e ganhos. Perdas essas que são vividas por mulheres constantemente sem sequer notarmos.

Mesmo depois de responder a várias perguntas em que "MULHER" era a maioria das respostas.

Não esgotaremos esse assunto nem encontraremos uma solução imediata, mas toda injustiça precisa ser entendida para ser discutida pela sociedade e, juntos, encontrarmos um caminho.

O último tipo de cuidado proposto vai nos ajudar a apontar esse caminho.

Autocuidado

Esse é o tópico que norteou este texto, e tive dúvidas se começaria ou terminaria por ele, então decidi deixar o melhor para o final.

Tudo deveria começar pelo autocuidado, mas como autossuficiência, quanto mais as pessoas são capazes de se cuidar, menos sobrecarregam as outras.

Muito se fala, e se cobra, das mulheres exaustas sobre encontrar um tempo para si, como se fosse possível aumentar as horas do dia. Sem abrir mão da conveniência, dos cuidados recebidos, ou pior, se apoiando na ideia de que cuidar é um prazer feminino, a sociedade ficará cada vez mais cansada e adoecida e as mulheres cada vez terão menos motivos para ter filhos.

Adoraria nesse tópico apenas dizer: "Meninas, precisamos priorizar o autocuidado!". Como? Se ainda temos que nos defender da violência contra a mulher, se ainda precisamos tomar CUIDADO, no sentido de atenção, para não sermos abusadas em lugares que deveriam ser seguros e por quem deveria nos proteger.

Lembrem-se de que estamos falando além de uma minoria privilegiada, temos uma maioria esmagadora das cuidadoras domésticas e parentais remuneradas e não remuneradas em suas duplas jornadas intermináveis. Essas mulheres, em sua maioria negras, precisam de um tempo de intervalo em que elas sejam a única prioridade.

Parece impossível, e da forma que vivemos hoje, é mesmo, por isso esse assunto precisa deixar de ser tabu e ser falado à exaustão.

Os cuidados precisam ser vistos para além de serem uma forma de demonstração de amor e preservação, precisam ser vistos como uma forma de economia, com remuneração justa e divisão responsável entre todos os gêneros. Aliás, precisamos aprofundar ainda mais o assunto cuidado, levando em consideração principalmente as mulheres negras.

Sem acusações ou vitimismo, eu mesma me beneficiei dos cuidados de mulheres e as recriminei por incluírem seus maridos em todas as tarefas com os filhos. Grande parte dos homens argumenta que nossas MÃES os ensinaram assim e temos plena consciência disso. Mas como outros equívocos aprendidos, chegou a hora de reaprender, de sermos menos convenientes e pensarmos sobre fatos. São números e histórias reais de um desequilíbrio que alimenta doenças em toda sociedade; a obrigação feminina sobre o cuidado doméstico e parental adoece a todos.

Então, para encerrar, ou melhor, para iniciar uma mudança estrutural, uma sugestão é que todos – agora estou falando com todos os homens e todas as mulheres – dediquem um tempo para proporcionar cuidado às cuidadoras que os cercam, enquanto elas podem desfrutar de saúde. Vamos ensinar com nossos exemplos de reconhecimento, sendo menos dependentes e trocando cuidado.

E até que seja possível, minha segunda sugestão é: MENINAS, TOMEM autoCUIDADO!

Referências

BOFF, L. *Saber cuidar – ética do humano: compaixão pela terra*. Petrópolis: Vozes 2017.

IPEA 2019. Disponível em: <www.thinkolga.com>. Acesso em: 10 ago. de 2020.

16

EU, AS MARIAS E O FLORESCER COM BRAVURA E DOÇURA

O objetivo destas linhas é apresentar uma nanofração de supervivências femininas. Trago um pouco de mim e muito do enorme esforço e dedicação dessas mulheres a quem chamo carinhosamente de "as marias". Como psicóloga clínica e psicoterapeuta, desde o início observei que não se morre só de fome ou violência, mas também de tristezas, culpas e vergonhas. A partir daí, optei pela felicidade do possível. Admito que também sou Maria e trago aqui uma mensagem resumida (mas não diminuída) de mim mesma e dos meus significados. Com esperança em tempo integral, invisto no florescer da autonomia, da emoção e do orgulho (cada uma de si mesma), direcionados ao que chamo de uma vida positiva e focada no bem-estar. Alguns dados foram mudados em prol da ética. Falo dessas marias inquietas, buscadoras e realizadoras de si. Trago Maria Alice, Maria do Socorro, Maria da Fé, João Maria, Maria da Luz com suas histórias de transformações.

JACQUELINE MAGALHÃES

Jacqueline Magalhães

Contatos
jrmepsis@gmail.com
Instagram: @psijacquemagalhaes
21 98131 9299

Carioca, mestre e especialista em Psicologia Cognitivo-comportamental Positiva, neuropsicóloga; comunicadora, escritora e professora. Pós-graduanda em Neurologia e Neurociências. Há quase 20 anos, desenvolve práticas clínicas, psicoeducativas e terapêuticas. Atuou em saúde mental CAPS II – Centro de Atenção Psicossocial na Prefeitura de Nova Friburgo-RJ; faz atendimento clínico, supervisão, orientação e consultoria no Rio de Janeiro, presencial e virtualmente; é coautora do livro *O manejo clínico* e coordenadora editorial de *Temas em neuropsicologia* 1; professora de Psicologia Cognitivo-comportamental e Psicologia Positiva em programas de pós-graduação no Rio de Janeiro; desenvolveu o projeto de auto-organização "ACELLERAÊ, o negócio é você!"; dona do canal no YouTube FORADODIVÃ. Tem como virtudes a autenticidade e a coragem. Trabalha para a transformação de vidas.

Dedicar-se à felicidade do possível sempre foi uma arte e um encanto que aprimoro todos os dias. A gente inventa, acredita, arranja e conquista. Adianto que nestas linhas não esgoto o que vivi e vivo. Cooperante na vida de mulheres que aqui chamo de "as marias", pude me acrescer da coragem quando em enfrentamentos, da criatividade nas providências, da inteireza entre o ser e o querer, e da generosidade. Tudo feito com muitas mãos. Minha proposta sempre foi o alinhamento com o que se tem de melhor. Nesse trabalho, a felicidade sempre esteve na proporção de cada uma.

Aqui, mostro meus desafios como psicóloga e ser humano. Desafios bons, confesso, me percebendo uma operária da "cura", do encontro, do autoconhecimento e da realização. Afirmo que o faz uma pessoa exercer a prática psi não é o que lhe falta, mas sobretudo o que lhe "resta". E foi desse substrato que aprendi a fazer do limão uma caipirinha, espremendo até que se ressonhe, queira, faça, construa, realize, supere, e sempre se lembre de que se pode começar tudo de novo.

Meu *status* como Jacque (nome carinhoso dado durante o trabalho) tem muitos pilares e em cada um há algo que não se limita à dor e queixas, ou mesmo ao motivo de não se saber o quê de fato se quer. Parto do princípio de que "uma semente não serve só para germinar, mas pode ser também comida de passarinho". O resultado que busco é a reinvenção de si mesmo.

Nesse trânsito profissional, existiu de tudo um pouco. Houve as pessoas que permaneceram, mas também quem me visitasse para entrevista que não dava em nada, mas tomavam meu chazinho feito com carinho. Nesse acolhimento, o outro sempre foi ele mesmo, ficando ou indo.

Sou cooperante da resiliência, na qual se vive algo impactante e, no pós-fato, retoma-se a vida do lugar onde se estava antes. Sublinho que esse é aquele lugar de onde se saiu, embora agora se esteja mais experiente, mas nem à frente nem atrás. O diferencial aqui está em construir um planejamento no agora com objetivos claros e definidos para o futuro. Ter um plano de ação personalizado com etapas subsequentes. O processo é refazimento pela decisão de se ter outra direção. Extrapola-se em autoconhecimento. Criam-se regras pessoais, filtra-se, escolhe-se.

As marias que apresento me vieram em condições extremas de si e de uma quase ruptura com a vida. Desse mundão, indo lá no o meu quadrado de vinte e poucos metros quadrados, o que mais me impactou foram aquelas (embora tenha a presença de muitos gêneros) vestidas com muitas feridas, mas que não se limitavam à estampa da dor. Traduziam suas ardências em "boa coisa" e se lançavam quase instantaneamente para o autocrescimento. Essas minaz deixaram de ser anônimas para si, tinham um "DNA" positivo nas suas identidades, apresentavam-se com "cara e dente e nariz na frente". Eram gente, como falava Dona Ruth, minha sábia e doce avó. Tudo era regado a amor, perdão, originalidade, perseverança, criatividade, curiosidade, coragem, esperança, prudência, humildade, dando-se outra perspectiva às racionalidades e emocionalidades. Chamamos esses ingredientes de Forças de Caráter. São recursos próprios e inesgotáveis para serem o *the best* "apesar dos pesares". Essas marias revelavam uma espécie de antiversão de desamparo.

O trabalho se iniciava com a limpeza de sintomas clínicos. Atentas, prosseguíamos com as subjetividades. Essas marias carregavam vontade. E que vontade! E eu, *pari passu,* ora enxugava lágrimas alheias, ora as minhas (quando sozinha). Em qualquer tempo, finalizava com sorriso e inspiração. Sou eternamente grata a essas que me ajudaram a ser mais lapidada.

A bravura com doçura

O panorama estabelecido era em estilo realista. Eram coordenados entrevistas, vínculo, apoio e muita sinergia. Criavam-se listas de desejos (o que se fazia com prazer); hierarquizavam-se tarefas preferenciais para automonitoramentos. Distinguia-se melhor o que poderia dar certo. Motivadas por si mesmas e apoiadas pelas técnicas terapêuticas da Psicologia Positiva Clínica, tornaram-se refratárias às prorrogações e sempre estavam com suas virtudes em ação. Quando a energia baixava, focavam o resultado que buscavam aprendendo com os obstáculos. Sempre cumpriam o que tinham a si mesmas como promessa de que não permitiriam mais subtrações. Essas marias iam além da minha escuta ativa nas sessões, por mais balsâmicas que fossem.

Articulávamos sofrimento e crescimento já que ambos são as duas faces de uma mesma moeda: a vida. Os relatos iam acontecendo com perguntas provocativas como: Você sabe se descrever? O que está te incomodando? O que você ama fazer? No que é boa fazendo? O que o mundo precisa de você? Como quer passar seus dias nesse planeta? O que você pode ganhar dinheiro fazendo? Como você se inspira fazendo e que quando faz não quer parar?. Depois de estarem mais bem discernidas, minha fala era: "Qual promessa quer fazer a si mesma?".

Nessas metamorfoses, a maneira como se pensa é algo central. Valores, princípios, crenças, o que tem sentido. Para toda e qualquer mudança, deve-se reconhecer o modo como se pensa, sente e age. Isso para a ciência cognitiva significa o "eureca!" existencial. Reestruturar a maneira de pensar sobre si, o mundo, o passado e o futuro, resulta na mudança de comportamentos que farão toda a diferença. Daí saíam metas melhor elaboradas e, sem nenhuma dúvida, comportamentos saudáveis.

Cada dia no consultório é *punk* para quem fala e para quem ouve. Diria que é um verdadeiro desafio para os dois lados. E, sem essa de que o terapeuta sabe tudo, porque não sabe nada desde que aquela outra boca e alma se abram. Daí identificamos emoções positivas, inventariamos engajamentos, validamos os relacionamentos saudáveis, significados e possíveis realizações pessoais em pauta. Não sublinhar o bem-estar seria uma arte sem encanto. Mas, vamos às marias...

Apresento aqui algumas marias, embora todas, sem exceção, estando aqui ou não, foram e são relevantes no meu trabalho e desenvolvimento. Todas me deixaram muito delas e eu dei o máximo de mim. Essas que trago aqui são as que me autorizo resumir sem reduzir. Trago histórias impactantes e, arriscaria dizer, com expressiva inteligência existencial (se é que há esse termo...). Essas marias de alguma forma me surpreenderam na rotina clínica. E foi examinando o elenco de talentos ainda não trabalhados de cada uma que pudemos trabalhar com leveza o que daria outros sentidos.

Conheci Maria Alice, e essa não chegou de nenhum país de maravilhas. Descreveu-se esquizofrênica. Teve sua travessia de vida sem nenhum GPS que pudesse lhe garantir uma rota de certezas. Por vezes, estava no nosso mundo 3D, por vezes estava sozinha no mundo de muitos Ds, só dela. Essa maria aninhou-se na poltrona da sala e soltou a língua. Viveu a escuta de si e agiu, deu passos firmes. Fiquei em êxtase quando ela Magnificamente (mais um M seu) achou o "caminho de casa" no qual conta com a publicação de dez livros (nesse momento, um no prelo), um mestrado em universidade pública, conhece filosofia como ninguém e zela por sua família como uma leoa. Essa mulher poetisa, literata, mãe e guerreira é um orgulho por ter passado por qualquer caminho, especialmente pela minha vida profissional. Usamos gratidão, criatividade e curiosidade. Essa maria construiu as suas próprias maravilhas.

Maria do Socorro teve sonhos interrompidos por um trauma que a afastou de si e da vida. Sofreu um estupro aos 13 anos, e passou a ter pavor dos "mais velhos". Tinha a falsa crença de não ter valor. Essa maria não era do tipo "vai com as outras", era do tipo "não vou de jeito nenhum". Resistente, chegou com seus trinta e poucos anos. Seus olhos eram opacos, embora fosse dona de uma fala clara e brilhante. E foi observando seu corpo sempre coberto por muitos panos, sem cores expressivas e nenhuma forma, que sua criatividade entrou em ação. Não se tinha ideia do que se tornou ímpar. Construiu a ponte de volta a si e ao mundo quando desenvolveu seu trabalho como estilista; constituiu sua família, decidiu que poderia sorrir. Compreendeu sua dor, de vítima passou a sobrevivente. Maria floresceu com coragem, curiosidade, criatividade, perseverança, amor... Essa maria se tornou esposa de outra maria, aprendeu a sorrir apesar de tudo, se transformou e hoje é mãe e empresária de moda.

Teve uma outra. A Maria da Fé. Filha de pais complicados, de uma mãe que estava mais para uma torturadora. Essa era ousada. Desde cedo, vendia seus desenhos mal riscados na escola por moedas que lhe rendiam um saco de pipocas na hora do recreio. Dançava balé e dizia que nasceu com dom especial. Aos 15 anos, sofreu um acidente de moto com um namorado do tipo "peguete" e ali perdeu uma perna. Ficou em tratamento para recuperação por quase quatro anos, chegando a mim logo após o evento. Aprendi que seu nome não era por acaso. Ela não se conformou em ser refém. Queria andanças. "Desobservou" o pessimismo da mãe. "Da Fé", aos 21 anos, concluiu o ensino médio, ingressou na faculdade de Fisioterapia e tornou-se uma palestrante motivacional para mulheres mutiladas. Hoje, atua como fisioterapeuta paraolímpica. Nosso trabalho facilitou da Fé dando foco ao autocontrole, à reflexão, ao amor ao aprendizado, à espiritualidade, no alinhamento entre seu pensar/sentir/agir. Expressiva era sua generosidade e esperança, seus recursos naturais e exuberantes. Essa vida se tornou o que ela decidiu que seria. Maria da Fé me deixou a doce lição da bravura. Uma corajosa inesquecível!

Estive com uma maria bem plural. Essa marcou a minha carreira. Seu nome civil era João Maria, filho único e de uma cidade no interior do estado. Aos seus quase 17 anos, chegou ao Rio de Janeiro com sua cabeça raspada e olhos maquiados de roxo e preto pelas pancadas dadas pelos *bullynistas* da sua cidade. Além da dor física, trazia na bagagem a dor da exclusão junto a sua certidão de nascimento, na qual constava um pai ignorado, embora esse pai biológico fosse casado com sua mãe. João Maria tinha uma síndrome rara, nasceu diferente. Possuía um "João e uma Maria". Indefinido e negligenciado, teve uma árdua caminhada envolvendo fatores clínicos muito complexos. Em situação de risco, nunca roubou ou furtou. É ex-prostituta, ex-moradora de rua, ex-joão. Hoje, tornou-se Maria Aparecida da Silva e pode estar diante do seu espelho pessoal; conheceu a autoestima e autoafetos. Contando com um suporte interdisciplinar, elaboramos um plano de metas fundamentado em sua subjetividade e realidade, mas sempre visando ser feliz (palavras suas). Hoje é costureira, cabeleireira e buscadora; fez supletivo do ensino médio, cursos de costura e de cuidados pessoais; como autônoma, faz unhas decoradas, vende perfumes e maquiagem. Tem namorado. Com mais três amigas, tem seu *coiffeur* onde vende roupas que confecciona. Cida mexeu com minha humanidade expressando máxima coragem, determinação, gratidão, amor e beleza com o trabalho em equipe, e tudo regado a muita esperança.

Ser maria na dinâmica da psicoterapia não é nada fácil. Essa, por exemplo, chegou na escuridão de si. Um casamento abalado, três filhos adolescentes, sem trabalho e muitas distorções. Não sabia fazer escolhas. O marido a tinha como prata da casa; os filhos a viam, como "mãetorista". Ela revelava um enorme vazio e que não sabia para o que servia. Tinha um bacharelado engavetado e seus talentos congelados. Tinha uma fala úmida de choramingos. Essa maria encontrou no processo de autoconhecimento seu despertamento. Reconheceu e cuidou de um quadro depressivo que a acompanhava há anos. Usou e abusou da terapia. Enfrentou, aqueceu seu coração, acendeu sua criatividade, provou inspirações e teve iniciativas. Essa é a Maria da Luz, que hoje diz: "Meus dias sempre serão iluminados pela minha autoestima, pelo meu trabalho e como mãe". Sua maior expressão é o amor, a autenticidade, a generosidade, a apreciação a beleza e a amor o aprendizado.

Foram muitas marias, cada uma do seu jeito, com suas histórias, possibilidades, finalidades, capacidades, ousadias e querências. Serei eternamente grata por participar dessas "mariices"! Obrigada a Maria Alice, do Socorro, da Fé, Aparecida e da Luz, assim como tantas outras que hoje trazem no peito e na testa: é possível ser feliz, é possível florescer com bravura e doçura.

17

COMO A EDUCAÇÃO TRANSFORMOU A VIDA DE UMA MENINA NO MEIO AGRO

O meio agro é, tradicionalmente, um setor dominado por homens. Entretanto, as mulheres têm conquistado o seu espaço cada vez mais. Neste capítulo, vou contar um pouco da história de como uma menina que nasceu e cresceu em um ambiente urbano se tornou engenheira agrônoma e hoje é professora universitária e pesquisadora no meio agro. Vou lhe contar um pouco dos desafios ao longo dessa jornada e como tudo começou – pelo incentivo de minha mãe.

JAQUELINE HUZAR NOVAKOWISKI

Jaqueline Huzar Novakowiski

Contatos
Instagram: @jaqueline_huzar
jaquehuzar@gmail.com
42 99136 2044

Técnica em Agropecuária formada pelo Centro de Educação Profissional Arlindo Ribeiro. Engenheira agrônoma formada pela Universidade Estadual do Centro-Oeste (Unicentro) em Guarapuava-PR. Possui doutorado em Fitopatologia pela Ohio State University nos Estados Unidos. Participou de um programa de intercâmbio na University of Manitoba no Canadá. Atualmente, é professora e pesquisadora na Universidade de Passo Fundo e orienta alunos de graduação e pós-graduação em Agronomia. É palestrante e instrutora em treinamentos para estudantes, produtores rurais, consultores e demais profissionais do meio agro. As linhas de pesquisa científica são concentradas no manejo de doenças em culturas agrícolas como soja, milho e trigo.

Você gosta de estudar?

Muitas pessoas podem ter aversão a esta pergunta associando-a com experiências negativas durante a escola. No meu caso, o gosto pelos estudos foi se desenvolvendo ao longo do tempo por incentivo de várias pessoas.

Vamos lá... te convido para conhecer um pouquinho da minha história.

"Se você não estudar, vai trabalhar como empacotador no mercado". Essa foi uma das frases que eu e meus dois irmãos ouvimos várias vezes da nossa mãe, a dona Bernadete. Para deixar claro, minha mãe não tem nada contra os empacotadores, entretanto, ela se referia ao fato de que é um cargo que não remunera bem, além de demandar longas jornadas de trabalho incluindo feriados e finais de semana. Essa foi uma das formas que minha mãe usou para nos incentivar a buscar uma vida melhor por meio dos estudos.

Minha mãe nasceu e cresceu na zona rural do município de Candoi, o qual é localizado no interior do estado do Paraná a cerca de 330 km de Curitiba. Depois de se casar, ela se mudou para Guarapuava, a cerca de 75 km de Candoi, que é o município onde eu e meus irmãos nascemos e crescemos. Meus pais se divorciaram quando eu tinha seis anos de idade. Eu me lembro de ver meu pai em alguns finais de semana naquele primeiro ano após o divórcio. No entanto, com o passar do tempo, as visitas eram cada vez menos frequentes até não acontecerem mais. A partir de então, meu pai não fez mais parte da minha vida. Portanto, foi minha mãe que criou sozinha três filhos – e como ela fez isso ganhando um salário-mínimo é uma coisa que me comove até hoje.

Minha mãe havia estudado quando criança apenas até a quarta série. Muitos anos depois, ela retornou aos estudos em uma escola para adultos. Eu me lembro de ajudá-la com as atividades da escola quando eu tinha uns 12 anos de idade. Nunca tive muita paciência, mas também não compreendia o sacrifício que ela fazia naquele tempo. Ela trabalhava o dia todo e estudava à noite. Mesmo com essa rotina intensa, ela conseguiu finalizar o ensino fundamental e o ensino médio, o que representou uma enorme conquista para ela.

Quando eu iniciei o ensino médio, imaginava me preparar para ir para faculdade, assim como meu irmão mais velho, o Diogenes. Ele foi a primeira pessoa da nossa família a se formar em uma faculdade. Eu pretendia cursar Medicina Veterinária e meu irmão gêmeo, o Jackson, cursaria Agronomia. Essa influência do meio agro se deve ao fato de meus avós e tios serem produtores rurais. Durante as férias da escola, eu e meu irmão íamos para o sítio ajudar a cuidar dos animais, da horta, da lavoura e das tarefas de casa. Esse contato com a agricultura e pecuária, mesmo que de uma forma simples, foi o que me influenciou sobre a decisão de uma carreia profissional.

Para cursar o ensino médio, minha mãe nos matriculou em um colégio agrícola. O ensino médio em um colégio agrícola é muito intenso e cansativo. Tínhamos aulas durante toda a manhã e tarde e escalas de final de semana. Além das disciplinas do núcleo comum de ensino, como português e matemática, tínhamos aula sobre cultivo de hortaliças, criação de animais e máquinas agrícolas.

Logo no primeiro ano do colégio agrícola, conheci uma das maiores influências da minha vida, a professora Deise Feltrin. Você não imagina a minha fascinação ao conhecer uma mulher extremamente competente (e exigente!) formada em Agronomia e ainda mais com título de Mestre, que eu nem sabia direito o que significava. Pouco tempo depois de a conhecer, eu decidi que queria cursar Agronomia, e tinha a ela como inspiração.

No último ano do ensino médio, eu precisa fazer a prova do vestibular para ingressar na faculdade. Não cogitava prestar vestibular em outra cidade porque sabia que minha mãe não teria condições financeiras de me manter em um curso de Agronomia que fosse período integral. Estudando em casa com livros emprestados da biblioteca, fui aprovada em quarto lugar no vestibular para Agronomia da Universidade Estadual do Centro-Oeste em Guarapuava, que tinha concorrência de 13 candidatos para 1 vaga. Uma grande conquista!

Mesmo cursando Agronomia em uma universidade pública, eu ainda teria gastos com transporte e alimentação. Portanto, eu estava à procura de um estágio que pudesse conciliar com os estudos. Foi nessa época que conheci o professor Itacir Sandini, que buscava estagiários para atuar em projetos de pesquisa com integração lavoura-pecuária (o que quer dizer, basicamente, teria que trabalhar com plantas e animais). O professor me aceitou para o estágio e iniciei as atividades no mesmo mês que comecei o curso de Agronomia.

Eu somente aceitei o estágio porque era remunerado e eu estaria aprendendo algo novo, mas não era minha área de interesse. Queria mesmo era trabalhar com doenças de plantas, então meu plano era ficar até que conseguisse um estágio remunerado no Laboratório de Fitopatologia, o que nunca aconteceu. Dali a algum tempo, eu já nem pensava mais em mudar de laboratório, estava envolvida com várias atividades e aprendendo muito, o que fez com que eu permanecesse estagiando no mesmo laboratório durante os cinco anos de graduação.

Quando o final da faculdade estava se aproximando, a minha principal preocupação era conseguir um bom estágio em uma empresa que me proporcionasse uma oportunidade para trabalhar depois. Apesar disso, fiquei sabendo sobre o Programa Ciência Sem Fronteias do governo brasileiro, que proporcionava bolsas de intercâmbio para alunos de graduação. No início, nem me atentei muito a isso. Eu sonhava em morar no exterior, mas para mim aquilo era algo bem distante e somente aconteceria depois de bastante tempo trabalhando e guardando dinheiro. Foi então que o professor Itacir conversou comigo e me incentivou a me inscrever em um edital para os Estados Unidos. Eu atendia a todos os requisitos daquele edital, menos um: nível de inglês. Fazia um curso de inglês, mas nunca me dediquei o suficiente para que estivesse em um nível avançado de comunicação no idioma. Eu até que conseguia ler e escrever razoavelmente bem, e até falar quando eu entendia o que me perguntavam, mas o *listening* era um desastre. De qualquer forma, eu precisava fazer um teste de proficiência chamado de *Test of English as a Foreign Language* (TOELF), do qual nunca tinha ouvido falar, e pior que não conhecia ninguém que já havia feito o teste.

Fui pesquisar sobre o bendito do teste e tentar agendar um local para fazer. Naquela época, apenas algumas grandes cidades tinham essa opção, mas não consegui agendar em nenhum local no Paraná. Tive que ir para Marília, em São Paulo, para fazer a prova. Eu nem tinha dinheiro para isso. Lembro que foi o meu irmão e minha cunhada que pagaram pelo teste e me levaram para Marília. Fui até lá, fiz a prova, e tive que esperar uma semana pelo resultado, que foi um miserável 47. Só para você entender, a pontuação do teste varia de 0 a 120, e eu precisava de 79 pontos para ir para os Estados Unidos. Resultado: não tinha pontuação suficiente. Isso me deixou muito devastada, eu não estava acostumada com esse tipo de situação, como consequência, me desanimei e não queria mais saber daquilo.

Depois de alguns dias, fiquei sabendo que uma escola de inglês estava selecionando alunos para fazer um curso preparatório para o TOEFL. Resolvi tentar mais uma vez, mais por incentivo de outras pessoas, porque eu já havia desanimado. Fui até lá, me inscrevi e recebi uma bolsa para fazer o curso. As aulas eram no sábado pela manhã durante algumas semanas. Estudei um pouco mais e, depois de um mês, refiz o teste e minha nota foi 67. Não foi suficiente de novo para os Estados Unidos... mas então aconteceu algo inesperado... abriu um edital para o Canadá, que aceitava níveis inferiores da nota do teste. Que gratidão aos canadenses! Inscrevi-me no edital e fui selecionada para uma das bolsas. Aquilo foi surreal! Eu nem acreditei quando recebi o e-mail com o resultado e que as aulas se iniciariam em dois meses.

Viajei para o Canadá e morei durante um ano em Winnipeg, a capital da província de Manitoba, bem na região central do país. Tive o privilégio de morar com uma família canadense que era constituída pela mãe, Sylvie, e suas duas filhas crianças, a Sarah e a Nathalie. Aprendi muito sobre a cultura canadense, praticava inglês e até um pouco de francês com as crianças.

Nos primeiros quatro meses do intercâmbio, fiz um curso de imersão em inglês, no qual tinha aula o dia todo. Nos demais meses, cursei algumas disciplinas no programa de Agronomia da University of Manitoba e estagiei no Laboratório de Fitopatologia, no qual trabalhei com doenças na cultura da canola.

No laboratório em que estagiei, apenas uma funcionária era canadense, enquanto os demais eram estrangeiros. Era gente da China, Síria, Sri Lanka e da Eritreia. Confesso que esse último país eu não fazia ideia de onde ficava e tive que procurar no mapa – é um país na África. Conversar com essas pessoas me mostrou como o Brasil não é o pior lugar do mundo, apesar de muitas vezes a gente criticá-lo. Uma delas teve treinamento militar quando era criança e, depois de ter deixado o país, não pôde mais voltar para rever a família porque, do contrário, a matariam. Outra pessoa era refugiada da guerra na Síria e me lembro de ela estar constantemente preocupada com amigos e familiares que haviam ficado no país.

O Canadá é um país lindo, com pessoas muito educadas e uma cultura muito rica. O intercâmbio foi uma das experiências mais incríveis que já tive. Vi muita neve, passei frio de -35°C, aprendi a esquiar, fiz curso de francês, me fantasiei no dia do Halloween, comi *poutine* e visitei Vancouver e Quebec City. Tudo com dinheiro guardado da bolsa de estudos.

A próxima fase da minha vida foi se resolvendo enquanto eu estava no Canadá. Como eu queria trabalhar na área de pesquisa científica, era necessário ter uma pós-graduação. Eu estava em dúvida se voltaria para o Brasil para trabalhar, se ficaria no Canadá (tinha recebido uma proposta para o mestrado lá) ou se iria para outro lugar.

Eu ainda desejava morar nos Estados Unidos e comecei a pesquisar sobre os programas de pós-graduação na área de Fitopatologia (área da ciência que estuda as doenças das plantas). Encontrei vários programas, mas um que me chamou a atenção foi o da Ohio State University, em que a dra. Anne Dorrance tinha um laboratório focado em doenças da soja.

Eu não conhecia ninguém que morasse nos Estados Unidos e não tinha contato algum em Ohio. Depois de pesquisar, achei o endereço de e-mail da dra. Dorrance (os norte-americanos chamam os professores pelo título seguido pelo sobrenome e eu aprendi a fazer isso também em sinal de respeito a ela). Resolvi enviar um e-mail para ela. Apresentei-me, expliquei o meu interesse e falei que havia a possibilidade de uma bolsa de estudos pelo Brasil. Um detalhe: as bolsas eram apenas para doutorado e não para mestrado. Mesmo assim, perguntei se ela me aceitaria para estudar e trabalhar no laboratório dela. Primeiro: ela respondeu ao e-mail. Isso já era um começo. Segundo: ela me pediu para enviar o meu currículo e marcamos uma entrevista. Para resumir: ela me aceitou para o programa de doutorado sem eu ter cursado o mestrado, apenas formada na graduação. Como eu tinha a carta de aceite da universidade, novamente conquistei uma bolsa de estudos pelo Programa Ciência Sem Fronteiras e fui para Ohio.

O período do doutorado foi cheio de novos desafios, mas eu já estava bem mais preparada. Já me comunicava em inglês muito melhor do que antes e continuei aprendendo ao longo dos quatro anos que participei do programa. Durante o doutorado, a minha orientadora foi uma grande inspiração. Ela sempre me deu o suporte necessário, embora fosse uma pessoa muito ocupada. Eu me tornei uma pesquisadora bem independente graças à liberdade que ela me proporcionava no laboratório de decidir o que deveria ser feito. Aprendi a apreciar a cultura norte-americana e fiz muitos amigos queridos. Minhas colegas de laboratório, a Cassidy (norte-americana) e a Krystel (porto-riquenha) se tornaram minhas melhores amigas. Além, é claro, dos brasileiros que estavam lá durante aquele período: Felipe, Wanderson, Cecília, Sara, Marcela e Cláudio. Após defender a tese, retornei ao Brasil. E confesso que o primeiro ano após o retorno foi bem difícil. Primeiro, para me adaptar a uma nova rotina e, segundo, para procurar um emprego.

Atualmente, eu sou professora do curso de graduação e pós-graduação em Agronomia da Universidade de Passo Fundo. Além de ministrar aulas, coordeno o Laboratório de Microbiologia Agrícola e oriento alunos em trabalhos de conclusão de curso de graduação, mestrado e doutorado.

O agro é, tradicionalmente, um setor dominado por homens. As mulheres, entretanto, vêm conquistado o espaço e eu tenho conquistado o meu com muita dedicação e trabalho.

Uma frase de que gosto bastante é: "Lugar da mulher é onde ela quiser", e estudar é uma forma de adquirir habilidades e conhecimento para se preparar para as oportunidades que forem surgindo ao longo do caminho. Estudar pode transformar a sua vida como fez com a minha.

Mulheres que transformam mulheres

18

COLORAÇÃO PESSOAL
UMA HISTÓRIA DE POSICIONAMENTO, REVOLUÇÃO E EMPODERAMENTO FEMININO

O presente capítulo conta a história de uma menina, hoje mulher, nascida no Brasil, cujo sonho era estudar em Portugal e conhecer o mundo. Há 20 anos, essa mulher vive em Portugal e, hoje, está a fazer a sua transição de carreira, tendo como maior desejo transformar a vida de mulheres por meio da Coloração Pessoal, empoderando-as e desmistificando o conceito de futilidade ou de inacessibilidade da moda.

LARISSA GOMES OLIVEIRA

Larissa Gomes Oliveira

Contatos
consultoria.larissagomes@gmail.com
Instagram: @larissagomes_____
+351 91930 2488

De assistente social a especialista em Coloração Pessoal. Sempre sonhei e tive o desejo de conhecer o mundo e encontrar o meu caminho. Para que isso acontecesse, tracei um objetivo e me permiti estabelecer metas. Acredito que "sonhos são metas ou objetivos não escritos". Durante a minha trajetória profissional, compreendi que a minha capacidade de adaptação e reinvenção tem sido a minha maior aliada na superação dos obstáculos. Chegada a pandemia, precisei de uma mudança profissional e busquei o autoconhecimento e a conexão com as minhas habilidades naturais e, assim, encontrei a Coloração Pessoal, conteúdo no qual venho me aprofundando por meio da escola Studio Immagine e de pessoas que tenho como referências para o meu desenvolvimento, como a Luciana Ulrich, pois meu maior desejo é transformar mulheres, destacando que o autocuidado, a autoestima e o posicionamento estão relacionados com as nossas decisões. Portanto, todas nós merecemos nos sentir bonitas, empoderadas e valorizadas, desde que tenhamos a clareza do sentido do merecimento.

empre fui muito sonhadora, sempre tive que superar desafios e obstáculos ao longo do meu caminho e, em consequência disso, e do meu perfil como pessoa, tive que ser muito racional em quase todas as decisões que tomei ao longo dos anos. Isso não significaria esquecer-me dos meus sonhos ou que eu fosse uma pessoa menos empática, ou até mesmo menos acessível.

Sou filha de mãe portuguesa e pai brasileiro, nasci em São Luís do Maranhão (Brasil) no dia 17 de setembro de 1983, sendo eu a filha mais velha de cinco irmãos.

Há vinte anos, tomei a decisão de morar em Portugal, com os meus avós maternos, que me receberam e sempre me acarinharam.

Durante todo o período em que vivi no Brasil, sempre tive a certeza de que precisava vivenciar outras realidades e ter outras experiências, bem como sonhar com outras oportunidades.

Durante aquela fase, eu não sabia bem o que procurava, mas sentia que as pessoas eram muito padronizadas e isso me sufocava, me deixava com o desejo de seguir uma vida diferente daquela que a sociedade e as pessoas com as quais convivia achavam natural. Eu teria de ser diferente.

Eu não era aquela pessoa que queria seguir o mesmo formato e padrão supostamente desejado e validado por muitos. Apenas sentia a necessidade de ir ao encontro ao meu "eu", até aquele momento, desconhecido.

A liberdade foi sempre algo muito importante para mim, e seguir o percurso do casamento, ter filhos e viver uma vida igualmente comum sempre me assustou. Antes disso, eu desejava conhecer o mundo.

Parece confuso, mas hoje, é tudo muito claro para mim. Essas chamadas "crises existenciais", seja na adolescência, seja na vida adulta, nada mais são do que a necessidade de termos uma conexão com o nosso propósito, o qual nem sempre é fácil de se compreender.

Quando fui convidada para participar deste livro, fiquei muito feliz, mas, ao mesmo tempo, "ansiosa" por saber o quão poderosa pode vir a ser esta obra.

Perguntei-me diversas vezes se seria merecedora de fazer parte de um projeto tão grandioso sobre mulheres com histórias e exemplos de vida incríveis.

Hoje, sinto-me honrada por ser a protagonista da minha própria história e por ter a coragem de validá-la, acreditando que ela poderá inspirar outras mulheres. Ser protagonista dessa minha história tem sido o meu maior desafio em todo o meu crescimento, como pessoa.

Mas, voltando ao início do meu percurso profissional, eu sempre ouvi dizer que o meu futuro estaria na etapa da universidade. Uau!... A universidade que me traria uma carreira profissional e um futuro promissor garantido.

Então, assim foi... Sempre gostei de tudo o que estava relacionado com as artes, mas disse para mim mesma que queria estudar Psicologia, até porque também sempre ouvi dizer que as artes não levavam ninguém a lado algum, mas, muito sinceramente, aqui entre nós, eu nunca acreditei que fosse o caminho certo para mim.

Depois de alguns testes vocacionais e de muita procura, conheci o gabinete de uma assistente social e, naquele momento, tive a certeza de qual seria o meu percurso.

Inicialmente, a adaptação à nova realidade de viver longe da minha família, com apenas 18 anos, foi desafiadora, mas eu estava em busca dos meus sonhos.

O meu maior objetivo era estudar em Portugal e construir uma carreira profissional e, então, fiz tudo o que dependia de mim para que isso se tornasse uma realidade.

Tirei a licenciatura em Serviço Social, fiz mestrado em Serviço Social, participei de inúmeras formações, cursos, seminários e até fiz Erasmus (intercâmbio) na Espanha. Investi anos da minha vida numa carreira promissora que não aconteceu, é verdade, pois eu nunca fui remunerada por trabalhar como assistente social.

A minha trajetória seguiu um caminho completamente diferente daquele que tinha planejado e, quando me dei conta, estava a coordenar equipes comerciais do negócio de fitness.

Eu gostava daquilo que fazia. Tenho gosto pela novidade, pelo desafio, pela sensação de superar os obstáculos.

Vendia sonhos e, sobretudo, saúde e a autoestima para as pessoas, mas nem sempre essas mesmas pessoas estavam dispostas a pagar o "preço" da transformação.

Como assistente social, eu sempre tive o sonho de fazer voluntariado na África. E, durante algum tempo, pesquisei sobre isso até descobrir um projeto de missão para Cabo Verde, para o qual fiz a minha candidatura.

Lembro-me como se fosse hoje: o frio na barriga durante a entrevista e toda a ansiedade e expectativa de estar a um passo de concretizar esse sonho. Eu fui selecionada e o projeto tornou-se uma associação, à qual tenho imenso orgulho de ter sido convidada para fazer parte da direção.

Como membro e vogal da direção da Associação "Ser + Dar+ Terapeutas sem Fronteiras", tive a oportunidade de coordenar equipes multidisciplinares no terreno. Foi um desafio o qual me orgulho muito de ter vencido e, assim, consegui concluir essas missões com sucesso e da melhor forma que sabia. A "Ser + Dar + Terapeutas sem Fronteiras" é uma associação portuguesa sem fins lucrativos que promove o voluntariado em Cabo Verde no âmbito social, da educação e saúde.

Após anos de dedicação e trabalho voluntário, tomei a difícil decisão neste ano de deixar a direção da associação para dedicar-me a outros projetos e dar oportunidade a outras pessoas de vivenciarem essa experiência de crescimento profissional e humano.

Gostaria de partilhar com você uma dor que, talvez, seja a sua também. Durante alguns anos, me culpei pelos anos investidos numa carreira como assistente social que não se concretizou da forma como desejava, em parte (hoje, consigo perceber) não por culpa minha, mas por simplesmente ter sido "engolida" por uma crise político/financeira e, por consequência, uma mudança mundial.

Esse mesmo sentimento de culpa, hoje eu o ressignifico, entendendo o quanto foram importantes os anos de investimento no Serviço Social: ele esteve sempre presente na minha trajetória e está comigo neste meu novo caminho.

Quantas profissões novas vocês conhecem que surgiram nos últimos anos? Quantas pessoas vocês conhecem que trabalham em áreas distintas da sua formação de base? Por que vocês acham que, hoje em dia, se fala tanto em transição de carreira? É verdade, o mundo está em constante mudança e nós sentimos e vivenciamos isso quase todos os dias.

Aquela garantia de um trabalho estável, para toda a vida, que foi proporcionada aos nossos pais e avós, já não existe mais. Hoje, temos que ser cada vez mais polivalentes e multifacetados, trabalhamos cada vez mais horas e por mais anos até a aposentadoria.

Com a pandemia e, consequente parada obrigatória, tive a necessidade de refletir sobre a minha trajetória e entendi que chegava o momento de ir em busca de algo novo, de um novo rumo.

Mergulhei no autoconhecimento, fiz a minha análise de perfil comportamental com a minha irmã Indiara Gomes de Oliveira, que é especialista e também uma coautor de livro, por quem tenho profunda admiração em vista de sua trajetória e da forma como inspira outras mulheres.

Eu não sabia qual seria o caminho, só tinha a certeza de que precisava de uma mudança, uma nova motivação que me fizesse vibrar e sobretudo me realizar tanto em nível pessoal como profissional.

Estudei muito, ouvi diversas pessoas, pensei em inúmeros projetos e ideias e até ponderei voltar para a universidade. Andei em busca, exaustivamente, do meu novo caminho, algo em que me visse a fazer durante muitos anos.

O autoconhecimento foi o meu maior aliado na busca desse reencontro com as minhas habilidades naturais. Na verdade, nunca pensei que um dos meus *hobbies* pudesse estar relacionado com o segmento de uma nova carreira profissional.

No momento mais inesperado, encontrei a Coloração Pessoal. Esse encontro só aconteceu porque eu decidi investir em mim mesma e, consequentemente, voltar a sonhar com a certeza de que conseguiria me reencontrar com meu propósito.

Desde sempre, gostei de moda e acompanhava tudo o que estava relacionado com tendência e estilo. Era algo que despertava o meu interesse, portanto investia algum tempo em pesquisa e estudo.

Quando entrei num processo de introspecção, pude refletir sobre as minhas aptidões, percebi que tinha uma facilidade incrível para fazer combinação de *looks*, cores etc. Eu sempre soube ajudar as minhas amigas por ter alguma criatividade nessa matéria. Por isso, decidi recomeçar e estou fazendo a minha transição de carreira, apostando em uma profissão com a qual sonho, hoje, sem deixar que a "síndrome da impostora" seja maior do que o meu desejo e a minha determinação.

Se pensarem comigo agora que conhecem um pouco mais da minha história, o meu propósito sempre esteve alinhado com as relações humanas e, sobretudo, hoje mais do que nunca, está relacionado com mulheres.

E por falar em nós, o que vocês entendem por Coloração Pessoal?

A Coloração Pessoal é uma ferramenta de autoconhecimento, que também nos ajuda a tornar o nosso cotidiano mais prático e sustentável. Gostaria de desmistificar a ideia da visão da moda como fútil e inacessível.

Como contei, eu sempre gostei de moda, também sempre tive que ponderar muito bem onde investir o meu dinheiro. Então, eu aprendi a fazer pesquisas, a fazer comparação do custo e benefício, a fazer escolhas assertivas e mais conscientes.

O investimento no teste de Coloração Pessoal nos ajuda a poupar muito tempo e dinheiro.

E o que é o teste de Coloração Pessoal?

O teste se baseia em um método comparativo entre tecidos. Por meio do teste de Coloração Pessoal do Método Sazonal Expandido, fazemos uma reflexão do efeito das cores na nossa beleza natural, descobrimos quais cores realçam e valorizam a nossa beleza e, assim, identificamos a nossa cartela de cores.

Partilho com vocês como a escolha das cores pode se refletir na nossa imagem de forma positiva. Vantagens do uso das cores da sua paleta:

- aparência de uma pele mais iluminada;
- disfarça manchas e sinais;
- suaviza as linhas de expressão;
- disfarça olheiras;
- sensação de uma pele mais jovem e saudável;
- disfarça sinais de cansaço.

As vantagens mencionadas são só alguns dos exemplos, dentre muitos, dos benefícios que se podem constatar com o efeito das cores na pele do rosto. A descoberta das cores nos ajuda não só na escolha das cores para os *looks*, como também para a maquiagem, acessórios e análise do tom de cabelo, consoante o nosso contraste natural.

Durante a consultoria de cores, aprendemos a fazer uma análise aprofundada das harmonias acromáticas (combinações neutras) e cromáticas (combinações coloridas).

A descoberta da nossa cartela de cores e, consequentemente, do posicionamento social, quer em contexto profissional, quer no nosso cotidiano, está relacionada diretamente à imagem que comunicamos sobre aquilo que vestimos.

O autocuidado, bem como a nossa imagem, não devem ser considerados fúteis, mas uma forma de empoderamento.

O que vocês entendem por autoestima? Eu acredito que, por meio de uma consultoria de cores e imagem, seja possível resgatar a autoestima de nós, mulheres, não porque devemos seguir padrões, mas sim porque temos o direito de nos sentir bonitas, confiantes, posicionadas e, consequentemente, amadas e valorizadas.

Tenho estudado e aprendido muito sobre coloração pessoal e desenvolvimento humano, pois tudo está relacionado com o nosso posicionamento e merecimento. Não adianta mudar apenas as cores de nossa roupa ou o cabelo e a maquiagem. A transformação deve acontecer de dentro para fora. O meu investimento em formações e propósito profissional tem como objetivo maior ajudar a transformar a vida de muitas mulheres por meio da Coloração Pessoal.

Quem de vocês nunca comprou por impulso uma peça de roupa só porque estava na moda ou em promoção e nunca a usou? É bastante comum, depois, em casa, chegarmos à conclusão de que essa mesma peça não tem nada a ver com o nosso estilo.

Quem de vocês guarda peças de roupas há anos, pensando que um dia irá usar e nunca as usa? Alguma de vocês já olhou para o armário numa fase da vida em que teve a sensação de que não se identifica com nada? Tem dificuldade em fazer combinação de cores com os *looks*? A escolha da maquiagem e, sobretudo, da base, às vezes, é um grande desafio.

A Coloração Pessoal vai ser a sua maior aliada para a resolução e revolução de todas essas questões, já que a descoberta das cores nos dá uma liberdade e um poder de decisão para escolhas mais assertivas.

A verdadeira revolução inicia-se nas cores e no desejo da imagem de cada uma de nós e, por isso, o meu maior desejo é empoderar cada vez mais mulheres.

Você já fez a análise de Coloração Pessoal?

Experimente! A sua vida nunca mais será a mesma. Simplesmente mudará.

19

PERMITA-SE SONHAR, REALIZAR, VIVER E SER FELIZ

Permita-se proporcionar momentos de reflexões sobre sua jornada e sobre os papéis como mãe, esposa e/ou empreendedora. Você também vai entender que existe um caminho, um método para trilhar sua jornada com mais leveza, clareza, podendo tomar as melhores decisões. Neste capítulo, nós trazemos um *case* de sucesso de uma mulher que tinha (e tem) seus desafios diários, mas ela aprendeu que, com organização e planejamento, aliados ao equilíbrio emocional, tudo é possível.

LOURDES MANHANI
E LAYLA LU

Lourdes Manhani

Contatos
Lourdes.manhani@gmail.com
19 99601 5147

A psicanalista Lourdes Manhani é mentora de mulheres e especialista em bem-estar emocional com autoconhecimento, casada e mãe de dois filhos. Atua na área de desenvolvimento humano há mais de 20 anos. É mestre em Administração, Educação e Comunicação com mais cinco pós-graduações e mais de 30 cursos nas áreas terapêuticas e de *coaching*. Apaixonada por despertar o potencial humano.

Layla Lu

Contatos
laylalu@gmail.com
19 98303 0751

Layla Lu é especialista em produtividade, organização e finanças, mãe de dois filhos. Com mais de 20 anos no mercado, é artista e engenheira civil, criadora da empresa Layla Lu Véus de Seda. Fez sua transição de carreira após dez anos trabalhando concomitantemente no mercado de construção e de artesanato. Apaixonada por estudo de viabilidade, transformou sua arte em um negócio de sucesso.
A Eloluz nasceu de uma conexão espiritual entre duas mulheres com o propósito de levar luz para o maior número de lares possíveis.
@eloluz.gestao

Você sabe o que a faz feliz?

Pressão, rotina, situação financeira, família, filhos, crises amorosas ou profissionais são fatores que geram cansaço, indisposição e frustração. E agora, perguntamos: você sabe o que está lhe causando exaustão?

Quantas e quantas mulheres se sentem perdidas em meio às atribulações do dia a dia, o que acaba por se refletir em inquietações e, consequentemente, essas mulheres se afundam num mar de insatisfação ao longo dos dias; enquanto buscam, ainda, o rumo da tão sonhada felicidade. Isso tudo acontece por uma simples questão: pela ruptura emocional causada pela não realização. Para simplificar: por sonhar e por não realizar.

A busca por essa realização é, repetidas vezes, perseguida por uma vida inteira, causando emoções, sentimentos e até doenças pelos rastros dos passos dados, num caminhar vago, incerto e certamente doloroso. Sem a clareza sobre o que se gosta, o que se quer e o que é realmente importante para você, se arrisca a correr a largos passos rumo ao mar da insatisfação.

Parece simples, mas sabe responder o que gosta de fazer? Quais são as coisas mais importantes para você? Tem clareza do que quer? O que guia o seu pensamento ao acordar? Você presta atenção nisso? Ou mesmo…

Qual o seu sentimento ao final do dia?

Esse é um sentimento de que precisa cuidar, porque é nele que descobrirá muitas coisas sobre você, seu cansaço ou satisfação, nele terá a resposta de como, quanto e o que fez naquele dia para chegar à tal busca pela felicidade – seja o que ela for para você.

E quem nunca chegou ao final do seu dia com a sensação de falha, de que não fez nada do que deveria, com pensamentos parecidos a este: "Como posso chegar até aqui, sem saber o que fiz direito o dia todo? Sei que passei o dia resolvendo coisas, tô tão cansada…". E a sensação de insatisfação que a toma enquanto o cansaço a corrói?

Se quer que essa inquietação desapareça da sua vida, precisa parar de olhar somente para o destino e observar algo fundamental: o caminho. Em meio às dores e às delícias do seu dia, é preciso encontrar a clareza da rota que quer trilhar, assim a insatisfação é substituída pela leveza e a felicidade passa a morar em seu coração durante a jornada.

Por isso, as perguntas no início da nossa conversa. E, nesse momento, convidamos você para pensar sobre as suas buscas, os seus sonhos e a sua independência, para refletir em como seria o seu dia ideal.

Agora, papel e caneta na mão para nos acompanhar em um exercício prático, porque não queremos uma leitora passiva. Queremos, sim, uma companheira de viagem de vida.

Permita-se responder às questões refletindo o que colocamos no início e para que, a partir delas, você possa traçar o seu dia ideal.

1. O que faz nas suas primeiras duas horas do seu dia?

a) Você está feliz com essas ações?
b) O que pode ajustar para trazer mais disposição, energia e alegria para começar bem o seu dia?

2. Você reserva um momento para os filhos?

a) O que vocês fazem?
b) Em qual período isso acontece?
c) Você está feliz com esses momentos?
d) Você precisa fazer ajustes para ter momentos de felicidade?

3. Você reserva um momento para o parceiro?

a) O que vocês fazem?
b) Em qual período isso acontece?
c) Você está feliz com esses momentos?
d) Você precisa fazer ajustes para ter momentos de felicidade?
E por último, a pergunta mais importante de todas:

4. Você reserva um momento para si mesma?

a) Quantas horas você dorme? Como é a qualidade do sono?
b) O que você gosta de fazer?
c) Como você cuida do seu corpo físico, emocional, espiritual e mental?
d) Você está feliz com esses momentos?
e) Quais os ajustes que gostaria de fazer?

Após responder às perguntas, faça esse exercício e escreva como seria o seu dia ideal para chegar ao final dele com a sensação de felicidade e realização.

Vamos deixar um exemplo para se inspirar:

> "Começo meu dia ideal acordando cedo, com um tempo para eu cuidar de mim, em seguida cuido das crianças e as levo para a escola. Trabalho por seis horas no que amo e reservo duas horas para os meus estudos durante o dia. Cuidado básico com a casa, de 30 minutos. No final do tarde, hora de buscar as crianças e então é o momento de curtir com elas, brincar, dar risadas, cantar, dançar, assistir a filmes e colocá-las para dormir cedo, para desfrutar um amor de entrega e envolvimento, dividir as questões que afligem, ouvir atenta, conversar, dar risadas, namorar, viver uma relação de cumplicidade e, no final da noite, ter um sono reparador para começar um novo dia ideal".

Talvez queira deixar para daqui a pouco, mas...

Você pode não querer fazer o exercício por vários motivos: às vezes não achou tão importante, talvez ele represente um grande desafio nesse momento, porque pode ser que já esteja em meio às caóticas ondas do mar da insatisfação. Se esse for o seu caso, agarre esse exercício como uma boia salva-vidas. Acredite, faça um esforço e agarre-a! Só podemos mudar algo quando entendemos realmente o que queremos e é disso que esse exercício trata, de uma análise e visualização para descobrir seus desejos, vontades e sonhos. Ou pode ser que já esteja 100% feliz; nesse caso, parabéns! E por isso mesmo, não deixe de fazer esse exercício e refletir sobre um dia ideal mesmo que de forma fictícia, porque pode ser que descubra outros sonhos adormecidos e traga mais realização para a sua vida.

O exemplo acima é só para a inspirar, busque o que deseja e o que quer. É necessário colocar isso no papel. Quando escrevemos nossos desejos e sonhos, podemos observar de cima, ou seja, por outro ângulo e, assim, conseguimos separar a emoção da razão, e nesse olhar, é possível começar a traçar um plano de possibilidades.

Agora, com essa reflexão, sabe nos dizer se a sua busca seria no âmbito emocional, financeiro, de carreira, família, relacionamentos ou ainda no tempo? Pode ser em mais de um, o importante é saber onde busca significar a sua realização.

O que traz significado à realização é, ao mesmo tempo, muito peculiar a cada uma, apresenta buscas que apontam a um só lugar, embora cada qual siga com histórias e momentos distintos em suas vidas. E esse lugar é um pensamento desejoso de se ter uma vida com mais leveza e realização.

Existem pontos em comum na vida de todas nós, mulheres que querem inspirar outras mulheres, e para esse nosso tipo de mulher, têm coisas que tiram a leveza do nosso dia a dia e roubam a nossa satisfação.

Entendemos que é desafiante estar feliz, pensando nas contas a pagar, com a conta bancária no vermelho e sem dinheiro para as contas básicas... E, acima de tudo, ter bom humor trabalhando o dia todo, chegando ao final do mês sem poder comprar um agrado para si ou para os filhos... Como ter leveza e se sentir realizada sem tempo para nada a ponto de negligenciar os relacionamentos e a saúde? Agindo assim, colocará sua vida para girar num ciclo automático de descontroladas ações que podem não lhe trazer as realizações que tanto busca.

Não importa se está aqui em busca da solução para um problema grande, pequeno ou se busca melhorias, um ponto será afetado: o seu emocional.

O que acontece a seu redor está interligado ao seu emocional, não é possível estar bem internamente enquanto o seu entorno está bagunçado e vice-versa. É preciso trabalhar ambos simultaneamente para ter clareza do caminho a ser seguido e alcançar as realizações.

A falta de conexão entre você e os ambientes em que vive traz diversos problemas, formando uma verdadeira avalanche emocional. Sem conseguir identificar a causa e sem saber observar o efeito de uma emoção (por exemplo, a frustração), inconscientemente desconta nas pessoas que mais ama. Ou quando algo ruim acontece, automaticamente ficamos irritadas e, nesse momento, não temos paciência com as crianças ou com a pessoa amada. Qual é o reflexo da nossa atitude com essas pessoas? É consciente ou inconsciente? E como essas atitudes impactam essas pessoas?

Você consegue identificar o que a irrita? O que lhe causa descontentamento?

É imprescindível olhar para o emocional, entender os sentimentos, identificar o que a irrita e buscar ferramentas para blindar as reações.

Apesar de delicado e desafiador, não se pode ignorar ou passar por cima das emoções sem haver uma avalanche de sentimentos, chegando a um mar de insatisfações que inundará todas as áreas da vida. São elas, as emoções, que reforçam e mostram que a vida não está da forma como gostaria que estivesse.

Mulheres que, como você, desejam autonomia, ter liberdade de escolha, de tempo, de dinheiro, por não conhecerem um caminho que as direcione a isso, ficam desanimadas, frustradas, desiludidas, fazendo com que muitas desistam ou simplesmente levem a vida.

As histórias de mulheres que passaram por nós têm sido tão significativas e de tanto valor que resolvemos compartilhar uma delas com você.

Alice no país das transformações

Aos 35 anos, casada, mãe de uma menina de 3 anos e atuante na área do marketing.

Quando ela chegou até nós, apresentava necessidades em administrar melhor sua vida profissional e pessoal.

Dizia que sua vida estava um caos, com pouquíssimos clientes, sem retorno financeiro e que não conseguia ninguém que ela pudesse contratar para dividir as responsabilidades do seu negócio ou mesmo delegar o trabalho doméstico. E, obviamente, ter tempo para si e para a família era um sonho.

Convidamos Alice para uma trilha na qual a maior descoberta foi retirar vendas dos olhos. E a cada passo dado, em meio às ferramentas de planejamento, produtividade, processos profissionais e emocionais, ela foi se redescobrindo.

É comum não querer olhar, sobretudo quando estamos sozinhas. É comum não saber ver, principalmente quando não fomos educadas para isso. É comum seguir ladeira abaixo, quando ninguém pergunta por que você segue no automático.

Mas você não é comum, é? A Alice também não

Foi ali que, durante a sua jornada e a cada atividade monitorada, ela foi tirando a venda dos olhos e percebendo o que a estava impedindo de ter os resultados que desejava: estar sem energia, não fazer o necessário em casa e no trabalho, deixando o ambiente bagunçado, são sintomas de um emocional desestruturado e fontes de fabricação de mais e mais frustrações.

Durante todo o processo, ela percebeu que tinha questões emocionais a tratar que vinham da infância, veio à tona o fato de que sua autoestima e sua autoconfiança estavam totalmente interligadas com os baixos resultados que estava gerando. O resultado dessas percepções, ao tirar a venda dos olhos, foi que a sua rotina ficou mais organizada com sua agenda, entendendo o que realmente era importante e priorizando as tarefas.

Teve clareza da necessidade de mergulhar no autoconhecimento e foi a partir daí que pôde despertar em si toda a potencialidade que estava sendo constantemente anestesiada por uma sequência de insatisfações traduzidas pela falta de resultado em seu dia a dia, repetindo aqueles "não consigo" aos montes. Agora, sem venda, é que ela desabrochou para sua consciência.

E foi aí que as chaves viraram e, então, ela soube se posicionar como mulher, esposa, mãe e filha, aprendeu a organizar melhor o seu dia – que era o que ela almejava no início.

Os resultados não poderiam ser outros, como ela nos apresentou: seus relacionamentos não são mais truncados, agora são conduzidos pelo seu posicionamento. Hoje ela tem mais tempo de qualidade com a filha; também teve aumento significativo no número de clientes. Nesse aspecto, cabe ressaltar que efetivo foi ela enxergar os clientes que estavam rendendo e os que estavam apenas tomando seu tempo, ou seja, a deixando exausta.

Que fique claro que cada mulher, mesmo que tenha situação semelhante à outra, é única em sua forma de ver a vida e de encarar seus desafios. No entanto, há um ponto único que pode ser a grande chave que merece destaque para que tudo se desenrole e a transformação ocorra: se permitir.

Quando se permite a viver o processo, passará pelos desafios que a vida coloca com outra mente. Uma mente transformada, fortalecida e com inteligência emocional para se posicionar em busca das suas realizações.

Afinal, esse é o efeito do autoconhecimento como base para os resultados que se pretende alcançar diante de cada passo rumo ao seu sonho. O permitir está intrinsecamente ligado a tirar a venda dos olhos e enxergar tanto a si como a vida sob outra ótica.

Agora, imagine uma ponte. Como você vê esta ponte? Com cordas ruídas, de madeira podre, cheia de buracos ou firme?

Compreendemos que possa dar medo, sim, atravessar a ponte, mas para vencer, conte com pessoas que possam ajudar você a atravessá-la de forma segura, rápida e assertiva. Nós estamos aqui para a ajudar se desejar fazer essa travessia.

Sabemos que em você há muita força, coragem para vencer e ousadia para atravessar a ponte.

Quer saber como é tirar por um instante a venda dos seus olhos, dar uma espiada em sua ponte da potencialidade e, assim, tomar a decisão de fazer a travessia? Deixamos aqui um convite: acesse o QR code e permita-se ver para viver. Aguardamos você do outro lado.

20

A FOTOGRAFIA COMO INSTRUMENTO DE EMPODERAMENTO FEMININO

Este capítulo mostra o que acontece quando uma mulher que sempre buscou segurança decide se arriscar para conquistar aquilo que almejava. Foi por meio do empreendedorismo que ela encontrou a liberdade para atuar com o que ama e transbordar seu conhecimento para outras mulheres. Tornou-se especialista em fotografia feminina, e, há oito anos, auxilia mulheres a se sentirem mais seguras por meio da fotografia.

LUCIANA DE PAULA OLIVEIRA

Luciana de Paula Oliveira

Contatos
www.lucianadepaula.com.br
contato@lucianadepaula.com.br
Instagram: @lucianadepaula.com.br
24 99905 8493

Tinha tudo para ser mulher pacata, que vivia no interior e seguia o que toda menina de 17 anos almejava: se formar na faculdade, passar em um concurso público e trabalhar de segunda a sexta até o dia da aposentadoria, mas decidi fazer diferente. De professora concursada à fotógrafa marketeira, encontrei, no empreendedorismo, a liberdade geográfica e financeira que sempre desejei. Ao longo da minha trajetória, venho criando projetos focados em mulheres, para que elas experimentem e conquistem a liberdade que merecem. Minha história conta com formação em Pedagogia pela Universidade Federal Fluminense, sete anos de atuação na prefeitura de Angra dos Reis, mais de oito anos como fotógrafa especializada em mulheres e, atualmente, mentora de conteúdo e sócia da P.S. Education. Com câmera fotográfica e notebook na mala, abracei a missão de desbravar lugares desconhecidos e clicar mulheres incríveis por onde passar.

Renda-se, como eu me rendi. Mergulhe no que você não conhece como eu mergulhei. Não se preocupe em entender, viver ultrapassa qualquer entendimento.
CLARICE LISPECTOR

Por muitos anos, a história da fotografia foi contada e registrada apenas pela figura masculina, porém, neste capítulo, você conhecerá uma forma diferente e mais feminina de olhar para a fotografia.

Mas antes de adentrar no assunto central deste capítulo, vou me apresentar. Filha caçula de um pintor e uma empregada doméstica, fui criada por uma família com poucos recursos financeiros, porém que dispensava um grande incentivo à educação.

Isso fez com que eu e minha irmã mais velha tivéssemos uma trajetória escolar regada a prêmios, notas altas e ingresso em uma universidade pública. Conquistas que, até então, eram completamente inalcançáveis para os nossos pais, que tiveram que abandonar os estudos muito jovens para complementar a renda familiar.

Minha trajetória na educação se intensificou quando comecei a atuar como professora. Aos 17 anos, já lecionava na educação infantil e foi assim durante uma década.

Educar exige amor e, por um momento, esse amor esfriou dentro de mim. O ambiente da sala de aula tradicional já não me dava mais alegria, me sentia desvalorizada e se tornou um pesadelo sair de casa todos os dias para atuar como professora.

Acredito que somos movidos por fases, sobretudo, nós, mulheres. E, nesse período, sentia, fortemente, em meu coração, o desejo de transitar, mudar de fase. Fui, então, investigar outras funções que me alegrassem mais.

Naquele período, eu participava de um projeto da Universidade Federal Fluminense com os caiçaras da Ilha Grande, em Angra dos Reis e, nesse projeto, pude experimentar a fotografia; ali, tive certeza de qual seria o meu próximo ciclo.

Em meu primeiro ensaio, peguei uma câmera emprestada para fotografar minha amiga de infância que estava grávida e, ao fazer as fotos, me vi totalmente desconexa do tempo, não senti fome, nem sede, nem sono, eu estava cem por cento presente no momento, e focada em registrar a gestação dela. Esse foi mais um sinal de que fotografar era o que eu queria fazer como profissão.

Em uma conversa com meu esposo, comentei que tinha vontade de experimentar mais a minha atuação como fotógrafa, porque sentia que poderia ser um caminho para expressar a minha essência.

Jeferson, como ótimo incentivador que sempre foi, me presenteou com uma câmera digital que, à época, ampliou ainda mais a minha vontade de seguir por esse caminho de desenhar com a luz.

Se estou aqui escrevendo é porque foi exatamente o que decidi e, daí em diante, fui me comprometendo cada vez mais com essa atividade. Eu e Jeferson compramos uma câmera profissional juntos, investi em cursos, *workshops*, livros e comecei a experimentar a fotografia como um negócio que, a princípio, era só uma renda extra, mas que eu já vislumbrava como uma carreira profissional.

Eu sempre me considerei muito cautelosa e, para tomar decisões, preciso ponderar e ter certeza de que estou no caminho certo. Quando fiz a venda do meu primeiro ensaio fotográfico, fortaleci a decisão de deixar o cargo público para trabalhar com o que fazia pulsar o meu coração.

As experiências com a fotografia me transformaram como pessoa e como profissional. Neste capítulo, vou adentrar profundamente nesse tema. Vale ressaltar que compartilho aqui não só minha experiência como fotógrafa, mas também a trajetória de uma mulher que, apesar de alcançar certa estabilidade no emprego, se permitiu arriscar e buscar o novo para atuar com o que ama.

Meu objetivo central é despertar em você outro olhar para a fotografia como instrumento de autoconhecimento, empoderamento e sucesso.

Prepare-se para refletir sobre a fotografia nas próximas páginas.

FOTOgrafia

Conjuga o grego *phôto*, que se refere à luz, acompanha o componente grego *graphia*, que significa escrever. Em seu sentido mais genuíno, a fotografia quer dizer escrever com a luz.

Olhar para nossa essência é um ato de coragem. Afinal, há tantas sombras que não queremos mexer, muito menos externalizar.

Desde a infância, recebemos muita influência social, e, quando se trata dos primeiros anos de vida, vale lembrar que a maior parte dessa influência ocorre na família e na escola.

Quem nunca recebeu ofensas, piadas, olhares estranhos na infância? Uma pesquisa feita pelo IBGE[1] constatou que 23% dos jovens entrevistados afirmaram terem sido vítimas de *bullying* na escola. Ao serem perguntados sobre o motivo do *bullying*, mais de 16% afirmaram ser por conta de questões com o corpo e 11% com a aparência do rosto.

A pesquisa do IBGE reforça que o ambiente escolar corrobora com o surgimento de uma série de traumas e dores emocionais relacionadas à própria imagem.

Há algo que talvez você não saiba, mas ao expor a imagem, por meio da fotografia, é comum que isso tudo venha à tona. Entretanto, é justamente pela experimentação que esses desconfortos e até traumas podem ser ressignificados.

Certa vez, uma jovem me procurou para fazer um ensaio fotográfico em comemoração ao seu aniversário. Agendamos um horário e, como de costume, antes de começar as fotos, iniciei uma conversa com a cliente para gerar conexão e conhecer um pouco da história dela.

Além de contar sobre a família e o emprego, Joana[2] me revelou que passara por um processo depressivo alguns meses atrás e que prometeu para si que faria um ensaio fotográfico quando estivesse melhor. E assim fez. Naquele momento me dei conta de que aquelas fotos concretizaram o bem-estar, a autoestima, a alegria em reviver.

Ao longo da experiência fotográfica, nos emocionamos algumas vezes, pois foi muito nítido ver a libertação de Joana. As fotos se tornaram reflexos de uma mulher que renasceu após a depressão.

Aproveito essa história para convidar você para uma reflexão:

Quais momentos da sua história a motivaram a se esconder?

Quais reforços negativos relacionados ao seu corpo você recebeu na infância, adolescência e até mesmo na vida adulta?

Será que a insatisfação com a sua imagem sofreu influência de alguma ocasião específica?

---

1 Acesso em: ago. 2022. Disponível em: <www.ibge.gov.br>.

2 Decidi chamar essa cliente de Joana, a fim de preservar a identidade dela.

A fotografia como instrumento de empoderamento

Uma vez que compreendemos a nossa história, temos a oportunidade de transformá-la, e a fotografia é uma excelente ferramenta para essa mudança. Mas onde estariam as fotos se não existissem redes sociais?

Por muitos anos, a fotografia foi algo íntimo, ou seja, apenas os familiares tinham acesso às lembranças fotográficas.

Se você nasceu antes dos anos 2000, certamente já se sentou no chão da sala com seus primos, irmãos e tios para ver fotos reveladas. Ouso dizer que elas ficavam armazenadas em caixas de sapato e que, por horas e horas, você e sua família eram transportados para 15, 20, 30 anos atrás...

Essa experiência sensorial de tocar a foto revelada é algo incomum na geração atual. Os nascidos na era das *selfies* possuem uma relação bem diferente com a fotografia no modo geral.

O surgimento dos *smartphones* popularizou a fotografia, já que apenas um aparelho é capaz de registrar infinitas fotos, diferente das câmeras analógicas, para as quais era necessário comprar um filme com quantidade limitada de poses (fotos) e para ver tal fotografia era necessário pagar por uma revelação posterior.

Ou seja, o acesso à fotografia era mais escasso e também mais caro, comparado aos dias atuais.

Se, por um lado, o advento dos *smartphones* popularizou a fotografia, por outro, a relação que tínhamos com as fotos ficou reduzida às publicações nas redes sociais.

É nesse ponto que muitas mulheres falham, pois acreditam que um ensaio fotográfico tem como objetivo meramente fazer fotos para as redes sociais. Mas não. Você, mulher, tem o poder de realizar um ensaio para você mesma, sem depender da aprovação alheia.

Fotografia é o resultado de uma experiência sensorial, na qual a pessoa fotografada é direcionada pela fotógrafa, em um misto de movimentos, sentimentos, sorrisos e cliques.

A fotografia é o fim, a experiência fotográfica é o meio.

Essa é a fotografia que acredito e defendo como instrumento de empoderamento feminino.

A fotografia como experiência de autoconhecimento

A relação da mulher com a fotografia nem sempre é permeada por prazer e bem-estar. Por estar intimamente ligada à relação com o corpo, muitas mulheres sentem insegurança ao se fotografar ou contratar fotógrafos(as) profissionais.

Noventa por cento das mulheres que fotografei tiveram a primeira experiência em ensaio fotográfico comigo. Muitas confessaram que me escolheram por se conectarem com a minha comunicação e por se sentirem mais à vontade.

Por isso, se você deseja fazer fotos profissionais, minha recomendação é que inicie esse processo buscando um(a) fotógrafo(a) que transmita segurança, que a faça se sentir bem.

Em minha trajetória como fotógrafa, tive o privilégio de fotografar centenas de mulheres de mais de seis países, por meio de projetos desenvolvidos por mim.

A ideia de criar projetos temáticos dentro da fotografia recebeu influência dos mais de dez anos de atuação como professora da educação infantil.

Assim como na educação formal, os projetos desenvolvidos na fotografia também possuem objetivos que norteiam as ações, visando trazer nova perspectiva tanto para as pessoas fotografadas quanto para as que contemplam a fotografia.

O projeto "Mulheres fortes", por exemplo, narrava histórias de mulheres em tratamento de câncer de mama e tinha como objetivo principal ampliar a autoestima daquelas que tiveram a vida transformada com a chegada da doença.

Foi uma experiência muito especial fotografar e também participar de conversas profundas sobre a relação com o cabelo, o julgamento da sociedade, mudanças no corpo etc.

O projeto "A beleza da felicidade" partiu da perspectiva de narrar várias formas de conceber a felicidade. Ele começou no Brasil e se entendeu para mulheres de vários países como Estados Unidos, China, Turquia, México e Filipinas. Esse projeto resultou em fotos encantadoras, variadas e filmes repletos de emoção.

Atualmente, há um novo projeto em andamento: "Empreendedora com muito orgulho", no qual abordo a relação profissional da mulher.

Esse projeto surgiu em meio à pandemia, quando notei que milhares de mulheres haviam iniciado a sua presença no ambiente digital, mas se sentiam inseguras e perdidas no quesito "Como me posicionar para atrair mais clientes?".

Seu objetivo principal é despertar nas mulheres uma imagem profissional que transmita segurança para os potenciais clientes.

Com isso, promovo experiências fotográficas permeadas de autoconhecimento, cuidados de beleza, conhecimento digital e, claro, muitas fotos.

"Empreendedora com muito orgulho" nasceu de forma embrionária em 2021, quando comecei a ensinar empreendedoras a ampliar as vendas dos seus serviços nas redes sociais.

Pautada no viés do Fotomarketing, ofereci aulas ao vivo sobre autofotografia, criação de conteúdo, vendas e inúmeras mulheres começaram a ter resultados positivos em seus negócios.

Os relatos diziam que eu ensinava muito bem, de forma simples e didática.

Aqueles *feedbacks* me fizeram perceber que eu estava novamente na área da educação. Porém, agora atuando com adultos e de forma on-line. Nessa posição que me encontro atualmente, como professora de centenas de mulheres, me sinto plenamente realizada. Percebo que minha formação em Pedagogia, unida à minha trajetória como professora da educação infantil, me tornaram a profissional que sou.

Vale ressaltar que, nessa jornada, tive mulheres incríveis me transformando, começando pela minha avó e passando pela minha mãe, minha irmã, minhas professoras, minhas colegas de classe, minhas alunas, minhas amigas, minhas mentoras, minhas clientes.

Nós, mulheres, temos uma potência extraordinária e desejo que estas palavras tenham despertado em você o desejo de experimentar a fotografia, como instrumento de autoconhecimento e empoderamento.

Para você, que chegou até aqui, decidi liberar um curso de autorretrato, para continuarmos essa relação de troca.

Basta acessar o site: www.lucianadepaula.com.br/autorretrato e resgatar seu presente.

21

DAS ROÇAS DE CÁCERES (MT) AO MUNDO JURÍDICO

Quem poderia dizer que uma vida na roça de chão batido seria o combustível necessário para a busca de realizações? Os sonhos de uma criança se tornaram a realidade de uma mulher adulta. A vida dura e difícil no ambiente rural, a humildade, a escassez de recursos, todas as adversidades foram a grande motivação para a busca inquietante pela realização de grandes sonhos.

LUCINEIA DE SOUZA BAZAN

Lucineia de Souza Bazan

Contatos
lucineiasouza15@gmail.com
Instagram:@lucineiasouzaadv/
@lsb.aadvocacia
65 99975 1375 / 65 3223 2307

Advogada, graduada pela Universidade Estadual de Mato Grosso – UNEMAT. Gestora e proprietária do escritório LSB Advocacia. Advogada, especialista em Direito Previdenciário e Direito Processual Civil. Atuante na advocacia nos estados do Mato Grosso e Rondônia. Empenhada no estudo do desenvolvimento pessoal com formação em Programação Neurolinguística, *Practitioner* em PNL – *Life Coaching* Financeiro. Curso de Treinamento no Método CIS de treinamento em inteligência emocional, criado e desenvolvido pelo PhD *coach* Paulo Vieira. Curso Programa de Gestão da Qualidade e Gestão Pessoas – Sebrae.

Minha mãe é uma típica mulher brasileira, guerreira, batalhadora e esforçada. Mas ela não é só isso! É bem mais, é uma mulher que eu admiro pela sua constante evolução, pelo seu querer prosperar, pelos seus sonhos grandes. Todas essas características são algo que eu quero para mim.

"Eu quero poder realizar meus sonhos, tirar boas notas como a mamãe fazia. Mamãe, tudo em mim é você" (ARTHUR e JOÃO GABRIEL).

Quando ouço palavras tão lindas vindas dos meus filhos, consigo perceber que estou no caminho certo, desempenhando, grandemente, o meu papel de mãe. E saber que eles se inspiram na minha história, me deixa orgulhosa.

Quem diria "sim"? Somente eu! Talvez, nem eu mesma, efetivamente. O que existiam eram sonhos. Eu era chamada de sonhadora, a que vivia no mundo da ilusão. Entretanto, as pessoas não sabiam que esses sonhos se transformariam em metas, as quais seriam alcançadas por mim.

Lembro-me, como se fosse ontem, de aos oito anos de idade andar com minha mãe pela estrada de chão da região rural onde cresci, sem asfalto e sem energia elétrica. Não sei dizer quais referências despertaram esse sonho em mim, mas me recordo, com riqueza de detalhes, do momento em que expressei o desejo de ser advogada, ter uma profissão e trabalhar para construir o meu futuro nessa profissão. Desde então, todo o direcionamento da minha vida foi voltado para que este sonho se tornasse uma realidade.

Sempre muito sonhadora, e com propósitos, um traço muito forte da minha personalidade, ao longo do tempo, fui aprendendo a transformar meus sonhos em projetos reais. Após o término do ensino fundamental, me deparei com o primeiro desafio da minha jornada: a impossibilidade de seguir os estudos.

Dos meus dez aos quatorze anos, passei a trabalhar na roça, com minha família. Naquele momento, era a única alternativa. Estava feliz por ajudar meus pais, porém sabia que aquele não era o meu destino. Chegando aos meus quatorze anos, pude novamente vislumbrar meus sonhos, com a notícia de que chegaria o transporte escolar à região.

No decorrer do período escolar, comecei a namorar, casando-me em 2002, ano em que mudei para a cidade de Cáceres-MT. Ao longo da minha vida de casada, cuidava dos serviços domésticos, durante o período da manhã, estudava no período da tarde e ainda fazia um curso pré-vestibular à noite, correndo atrás do meu sonho de cursar Direito na Universidade Estadual de Mato Grosso – UNEMAT.

Naquele período, deparei-me com uma imensa dificuldade estrutural de ensino, uma vez que existia um grande abismo entre os conteúdos estudados, até então, e os do vestibular.

Após o término do ensino médio, eu não visualizava meu ingresso em uma universidade particular, por não dispor de condições financeiras. A aprovação na UNEMAT, no curso de Direito, foi o primeiro projeto objetivado e concretizado. O primeiro passo efetivo rumo ao futuro que eu projetei. Ufa! Foi dada a largada.

Durante a graduação no curso, passei a vender bolsas e bijuterias para complementar a renda familiar, o que me recompensava não apenas economicamente, mas me fazia sentir realizada por seguir de modo a conciliar os estudos com o trabalho.

Nessa época, pude aprender mais sobre planejamento financeiro e a administração das minhas finanças, o que muito me auxiliou a alcançar realizações materiais, como a aquisição da minha primeira moto, que evoluiu para a compra do meu primeiro carro. Essas conquistas, embora pareçam pequenas para muitos, foram extremamente importantes, pois abriram meus olhos para tudo aquilo que eu poderia alcançar, pelo meu esforço e dedicação.

Primeiro filho

Nos meus planos pessoais, ter um filho era somente para depois da aprovação na prova da OAB. Bum! Não eram os planos de Deus. Bum! Bum! Bum! Não deu outra: o resultado do exame foi positivo. No coração, um misto de felicidade, preocupação, medo e incertezas, pois não sabia se, de fato, conseguiria finalizar minha graduação com a minha turma.

Eu estava gerando um bebê. Pensei: meu Deus! Como seria daquele momento em diante? Cursando o nono semestre de Direito, na reta final. Como sempre digo para mim mesma: "Bora lá, Lucineia, você consegue!".

O que poderia ter sido razão para desistência, foi motivação, portanto, mentalizei que concluiria o curso com minha turma, e lá estava eu, me formando com meus colegas de faculdade. Mesmo diante de tantos percalços, consegui concluir minha graduação com uma expressiva nota dez na monografia. Estava orgulhosa por mais essa conquista, que foi o resultado de muita luta, esforço e dedicação.

Meu objetivo sempre foi advogar, então, "bora lá, Lucineia", buscar a aprovação na prova da OAB – dedicação em tempo integral. Esquecia, nesse momento, um detalhe: eu tinha um filhão de quatro meses com amamentação exclusiva. Foi um desafio enorme, mas, novamente, "bora lá, Lucineia", vencer mais esta etapa! Você consegue! Fui reprovada na primeira prova da OAB, não por não saber o conteúdo, mas por não saber gerenciar o tempo. Na segunda vez em que fiz a avaliação, estava preparada nos dois sentidos: conteúdo e tempo. Maravilha, fui aprovada! Ufa!

Concretização do sonho

Deu-se início à vida profissional. Meu marido era advogado e fomos trabalhar juntos no mesmo escritório. A busca foi intensa e eu enfrentava desafios imensos diariamente para conquistar meu espaço ao longo do tempo. Nesse momento, foi possível sentir o que é ser mulher no exercício da advocacia, com pele escura e nascida em uma família humilde. Agora, no ano de 2022, no curso de *Practitioner* em PNL oferecido pelo Instituto de *Coaching* Financeiro Raissa Navarro, pude aprender que uma verdade só pode ser desconstruída por meio de evidências. Assim, concluo que eu, mulher negra e nascida em um berço humilde, provei, com evidências, ser capaz de superar desafios.

O escritório começou a patrocinar causas previdenciárias, e logo de início eu e meu marido nos identificamos muito com essa área do Direito, pois os clientes tinham a mesma origem de vida que nós, o ambiente rural. A advocacia foi tomando forma, os clientes aumentando e muito trabalho, consequentemente.

O primeiro filho tinha cinco anos de idade quando começou a pedir um irmão, então decidimos que a família iria aumentar. O momento profissional estava em ascensão total, seria loucura ter outro filho a essa altura, porém foi necessário fazermos escolhas e tomarmos certas decisões. Nasceu João

Gabriel, saudável e lindo. O ritmo profissional acelerado foi o grande desafio da minha segunda gestação. Aleitamento materno em tempo integral, trabalhando em casa, quando necessário, ia ao escritório, a audiências presenciais e fazia viagens a trabalho.

Óbito do esposo

A advocacia no Estado de Rondônia estava muito próspera e resolvemos nos mudar do Estado de Mato Grosso para Rondônia, eram seiscentos quilômetros entre uma cidade e outra. Todos os escritórios permaneceriam, eu cuidaria do de Rondônia e meu marido, o do Mato Grosso.

Seis meses após estar morando em Rondônia, meu marido veio de ambulância para a capital do Mato Grosso, Cuiabá – MT, e a vida passou a ser de hospitais em hospitais. Minha mudança veio direto de Vilhena-RO para Cuiabá, onde eu me encontrava naquele momento. Inicialmente, na casa de amigos e, depois, aluguei um apartamento.

Foi um momento de muita dor, muito sofrimento, desespero, perda, desilusão, tudo o que eu não podia ser era frágil, emotiva e sentimental. Adotei uma atitude antifrágil e revesti-me da figura de uma mulher forte e capaz de pensar, agir, cuidar, proteger e gerenciar.

O óbito ocorreu no mês de agosto, e lá estava eu, viúva, com dois filhos de um e seis anos. Nunca imaginei ficar viúva aos 33 anos e com dois filhos ainda crianças. Sabe aquele momento da vida refletido na palavra solidão. Então, somente eu e meus dois filhos. Nesses momentos, já não conseguia mais dizer para mim: "bora lá, Lucineia", "você consegue!".

Espiritual

No meu processo de superação, ao ficar sozinha, ser mãe e pai, e oferecer-lhes o sustento, educação, carinho e cuidados que se fazem necessários e obrigatórios, de gerir meu lar, os escritórios de advocacia e, talvez, cuidar de mim, Deus foi presente em cada milésimo de segundo da minha respiração, segurando minha mão, orientando meus passos seguintes. Deus fala conosco por intermédio do Espírito Santo, se soubermos ouvir sua voz em nosso coração, se tivermos a primazia da sensibilidade para entender quando é ou quando não é o seu querer; principalmente, se não deixar nosso orgulho, prepotência e arrogância se sobreporem ao sussurrar da voz de Deus em nossos corações.

A sensação de fragilidade e medo

Em todo tempo, em tudo que fiz, sempre houve o medo, o medo de não dar certo, de comprar e de vender, medo da decisão errada, medo de viajar sozinha, medo de viajar a trabalho para outros estados, o medo de não dar conta de fazer o que tinha que ser feito, medo de deixar meus filhos com outras pessoas que não fossem eu. Porém, jamais, em todos os momentos, nunca deixei o medo me paralisar e roubar meus sonhos.

Sempre considerei a minha fé em Deus como uma âncora de proteção contra o medo. No bater acelerado do meu coração, sempre repito, por várias vezes, para mim mesma, os salmos 23 e 91.

> O Senhor é o meu pastor, nada me faltará. Deitar-me faz em verdes pastos; guia-me mansamente a águas tranquilas. Refrigera a minha alma; guia-me pelas veredas da justiça, por causa do seu nome.
> (SALMO 23)

> Aquele que habita no esconderijo do Altíssimo, à sombra do Onipotente descansará. Direi do Senhor: Ele é o meu Deus, o meu refúgio, a minha fortaleza, e nele confiarei. Porque ele te livrará do laço do passarinheiro, e da peste perniciosa.
> (SALMO 91)

Passar pelo luto colocou em perspectivas diferentes as mais diversas crenças que eu tinha. Para enfrentar esse turbilhão, além da fé, ter meus dois filhos ao meu lado foi de total importância para que eu pudesse me levantar e seguir o meu propósito, pois eles fazem parte das minhas conquistas.

Assim, pude construir a mulher forte e determinada que sou hoje, com o objetivo claro de ser referência para os meus filhos e proporcionar a eles amor, proteção e sustento financeiro digno.

A busca por adaptação trouxe junto uma inquietação baseada na necessidade de procurar algo diferente, de mudar e aprimorar tudo aquilo que já estávamos realizando, no intuito de alcançar a excelência.

O que poderia eu realizar para melhorar o ambiente profissional? Naquele momento, era necessário sair daquele estágio em que me encontrava e alcançar algo além, dar vários passos a mais. Foi quando entendi que eu necessitava buscar mais conhecimento interdisciplinar.

Acredito que dispor de boas condições financeiras é um dos facilitadores para a realização dos projetos e alcançar as metas. Eu precisava assumir o controle da minha vida financeira, não poderia viver sendo levada pela maré. Empenhei-me nos estudos de desenvolvimento pessoal e Programação Neurolinguística, busquei por cursos de Gestão de Qualidade e de Pessoas, realizei treinamentos voltados à gestão financeira e inteligência emocional. Todos esses cursos me possibilitaram ter um elevado crescimento pessoal.

Na busca por fazer dar certo, de realizar meus projetos, nunca houve um "plano B", sempre me direcionei visando a alcançar o "plano A", utilizando as ferramentas que tinha em minhas mãos e superando desafios dia após dia.

Se alguém conseguiu, eu também posso conseguir e, se ninguém ainda chegou lá, por que não posso ser eu a primeira? Como sempre disse meu marido, Luiz Daniel Bazan, sou uma mulher incomodada com a estagnação, tanto na vida pessoal como profissional, e que a todo momento está em busca de aperfeiçoamento, preparada para qualquer desafio ou adversidade que possa vir.

Muito me inspira a frase do Thiago Tessmann, que diz assim: "na real, o que ganha o jogo não é o talento, é o comprometimento, não importa o que você deseja fazer na sua vida, se houver comprometimento o objetivo será alcançado".

Espero que a minha trajetória possa servir de ponto de partida para a busca de tantas outras pessoas, ainda mais às mulheres. A estas, me direciono ao dizer que, sim, todos os seus projetos podem ser realizados se você se empenhar, imaginar, projetar e procurar evoluir como ser humano, independente das adversidades da sua vida.

Referências

BANDLER, R.; ROBERTI, A.; FITZPATRICK, O. *Introdução definitiva à pnl. Como construir uma vida de sucesso.* Rio de Janeiro: Alta Books, 2019.

BÍBLIA Sagrada. João Ferreira de Almeida, versão revista e corrigida. Sociedade Bíblica do Brasil: Barueri, 1995. Salmos 23, p. 556; Salmo 91, p. 592.

SERAFIM, J. (Coord.) *As dona da p**** toda: um livro escrito por mulheres empoderadas para inspirar outras mulheres.* São Paulo: Literare Books International, 2021.

22

CURAR, ARAR E EDUCAR
A ESCUTA DO ENCONTRO

O presente capítulo possui a intenção de compartilhar relatos de experiências por mim vividas ao longo do meu itinerário acadêmico-profissional como professora regente de turma. Trata-se de histórias de mulheres, afrodescendentes ou não, algumas mães, que necessitaram de uma escuta ativa, um olhar especial. O aprendizado foi nosso. Gratidão a todas.

MARIANA MACAHYBA MARUN

Mariana Macahyba Marun

Contatos
marianamarun@gmail.com
21 98198 5557

Doutoranda em Educação. Mestra em Direito. Advogada. Professora em cursos de pós-graduação e graduação em Direito, Administração de Empresas e Ciências Contábeis. Professora concursada da FAETEC. Multiplicadora SEBRAE. Voluntária e curadora do projeto "Ela entre Livros" do Instituto Ela - Educadoras do Brasil. Poetisa e escritora.

A o longo de nossas vidas, ouvimos dizer que plantar árvores, ter filhos e escrever livros seria uma participação integral do mundo. Encontro-me no momento de realizar o último e, quem sabe, o primeiro de muitos, uma vez que já realizei alguns plantios e vivi a maternidade.

Compartilho a sensação de que as primeiras linhas são desafiadoras, que o cursor pode ficar no mesmo lugar da tela por um bom tempo, em um contraditório movimento hipnotizante entre o aparecer e o desaparecer do seu campo visual, como aquelas luzes natalinas, fazendo com que a imagem da "folha" vazia não corresponda à ebulição de palavras na mente daquele que se propõe a escrever, na esperança de que se estabeleça um universo possível, no qual se brote vida, tornando a imagem desértica dessa "folha" um oásis de possibilidades.

No momento em que recebi o convite para a escrita deste capítulo, sorri timidamente, pois sentia em meu íntimo que minha incursão pela escrita teria início com uma temática de grande potência e delicadeza ao mesmo tempo.

Sou fruto da mescla cultural entre libaneses e holandeses que escolheram o Brasil para berço da sua continuidade genealógica. Brasileira "de carteirinha", defensora da nossa cultura, não resisto à beleza da diversidade construída nesse país.

Com formação jurídica como advogada, sempre me preocupei com temáticas como justiça e democracia, que, por sua vez, já trazem em seu bojo outras temáticas que as fortalecem, como a igualdade preservando as diferenças, bem como a dignidade da pessoa humana.

Sou e me percebo professora universitária e do ensino técnico há 24 anos, desses, 21 ininterruptos, típico itinerário "chão de sala", o que muito me realiza e do qual me orgulho.

Há um ano e meio, ingressei no curso de doutorado em Educação, brindando minha trajetória acadêmica com tão importante conquista. Portanto, o que, aqui, compartilho não poderia ser de diferente natureza, posto que a transformação positiva do discente importa – principalmente para aqueles que necessitam, por uma série de variáveis de vida, de mais tempo na sua trajetória formativa – naquilo que concerne a um determinado saber.

Reconhecer, no grupo, o aluno que se destaca, que apresenta maior facilidade no processo ensino-aprendizagem, admitindo-se facilidade como um menor tempo para a compreensão e o processamento do aprendizado, não é o desafio. O grande desafio é o trabalho que demanda a sensibilidade e a paciência devidas para provocar, naquele que troca saberes com o docente, superações possíveis no binômio tempo-espaço de sua experiência.

Ao longo do meu percurso como professora, utilizei, em alguns momentos, da "lupa da alma" para perceber que algo de diferente estaria acontecendo na vida do aluno. Das vezes em que me foi permitido dialogar individualmente sobre questões para além da sala de aula, consegui orientar o aluno no que fosse possível, para que, com o objetivo de que não desistisse, não abandonasse seus estudos, quando era esse o assunto.

Com o tempo, comecei a perceber, que, em sua maioria, esses alunos eram mulheres afrodescendentes, das classes menos favorecidas, em alguns casos, mães. Importa dizer que não se trata de um estudo científico, de uma pesquisa de campo e, sim, da percepção de uma professora que entende que seus alunos não podem ser reduzidos a uma matrícula, a um número no diário de classe, mas precisam ser vistos como seres humanos com experiências e vivências distintas.

Sem desconsiderar todas as preocupações já apontadas, em momento algum pensei em ser um instrumento facilitador, no sentido de trazer a tão sonhada aprovação, sem que fossem demonstradas as condições para recebê-la.

Nesse exato momento em que escrevo, estou em sala de aula, aplicando uma avaliação. Preciso fazer uma pausa na escrita e abrir parênteses. Percebo um olhar desmotivado, inseguro, de uma aluna que vem em minha direção para entregar a prova e resolvo perguntar o que estaria havendo e, sem me olhar nos olhos, ela responde: "Tá tudo errado".

Pergunto se ela gostaria de conversar um pouco, mostro a cadeira ao meu lado, uma vez que entendi que o que estaria errado seria bem maior do que o que constava no documento entregue.

Mesmo sem aceitar a oferta da cadeira, ainda de pé, conseguimos conversar sobre "a vida" e pude perceber que, ao final da conversa, o rosto da aluna foi se transformando e um tímido sorriso se desenhou no seu semblante, tomando o lugar da insegurança e da falta de motivação.

Coincidência? Não! Não acredito em coincidências. O fato de eu estar escrevendo este capítulo exatamente sobre as minhas experiências docentes na escuta ativa das alunas e um fato desses ocorrer durante o processo da escrita sinalizou-me que o estar disponível para uma orientação que ultrapasse o fator conteudista curricular da sala de aula pode ser um caminho mais humanizado na área da Educação.

Continuando a escrita e, sabendo que o que acaba de ocorrer durante a elaboração deste capítulo já seja parte dele, lembro-me de outra situação, na qual fui procurada por uma aluna de meia-idade, também da graduação, visivelmente marcada por suas experiências (via-se claramente isso em seu rosto). Tinha seu sonho de vida implementado, que era cursar Direito, apesar das várias dificuldades de rotina, de vida, principalmente, financeira. Muitas vezes, não conseguia a concentração e a paz necessárias para que o aprendizado produzisse seus efeitos. Sua trajetória acadêmica, eu pude acompanhar, tinha o efeito de uma montanha-russa, com altos e baixos constantes e muitas incertezas.

Penso que eu tenha sido um dos fatores importantes, ofertando ideias viáveis para que ela conseguisse cursar quase que a totalidade da grade do curso, mas fui surpreendida, recentemente, pela notícia de que ela precisou desistir em definitivo. Dessa vez, eu emudeci. As questões eram tantas e tamanhas que não consegui ter novas ideias que superassem os problemas por ela enfrentados. Sensação de derrota, a minha.

Com os olhos marejados, tento encontrar as palavras na tela, que se torna embaçada, para continuar a compartilhar histórias tão reais.

Lembro-me, como se fosse hoje, de outra história, a de uma aluna chegando à sala de aula, com a filha nos braços, praticamente recém-nascida, me dizendo não querer perder a prova. Perguntou-me se poderia amamentar, caso a bebê chorasse. Quem quase chorou fui eu, ao ver tamanha dedicação à filha e à vida acadêmica.

Imediatamente, me ofereci para segurar a criança e assim fizemos. Quanto a mim, pude relembrar a minha filha quando bebê. Bateu aquela saudade gostosa, levando-se em consideração que, hoje, a minha "bebê" tem quase 30 anos. Quanto à aluna, pôde realizar a prova com a tranquilidade de saber que era somente levantar os olhos do papel para verificar se estava tudo bem. E correu tudo bem mesmo, obteve uma nota ótima na avaliação e a bebê "dormiu como um anjinho", como popularmente se diz.

A vida acontece na vitória e na derrota, para nos apresentar crescimento com aprendizado nas perdas e alegrias, com humildade nas conquistas.

Convivi e ainda convivo com alunos que apresentam neuroatipicidades, como o espectro autista. A inclusão, direito assegurado a esses e outros casos, muitas vezes é realizada em um primeiro momento, baseando-se no fato de o aluno poder estar matriculado e frequentando as aulas. Além de todo o conhecimento necessário sobre o assunto, os aliados da equipe multidisciplinar, os artifícios didáticos e lúdicos para que haja uma inclusão de fato são bem-vindos; com alguma chance de que se criem elos no grupo de uma determinada turma. O que verdadeiramente ocorre é que o aluno que necessita ser incluído e os que o irão incluir começam a receber o tema como algo natural, que faça parte deles, plantando-se, assim, a semente de uma sociedade mais empática e humanizada.

O caso de alunas com TDAH ou ainda no espectro autista me parece ainda mais delicado, pois engloba uma insegurança que atinge a vaidade feminina, de ter que atender ao padrão social de beleza e comportamento tradicional e, na maioria dos casos, não o conseguir.

Nesses casos, acolhimento é a palavra que permite passos melhores, não maiores, e isso importa.

Dentre as mais variadas experiências que poderia, aqui, compartilhar, foi a de uma aluna que, por mais que estudasse o conteúdo da disciplina (e, efetivamente, o tivesse apreendido), em dia de prova ficava nervosa ao extremo, a ponto de ter sudorese nas mãos, bater demais os pés no chão e não conseguir "enxergar" o que os enunciados das questões solicitavam. Dizia que "escurecia tudo". Além do nervosismo excessivo, olhava muito para outros lugares da sala e pouco para a folha da prova.

A aluna estava tendo que lidar com um laudo muito difícil para ela, o fato de ter sido diagnosticada com TDAH. A falta de concentração a estava deixando muito insegura e nervosa porque, em outros tempos, costumava ser uma aluna exemplar. Inclusive já havia cursado outra graduação e se formado em outra área.

A conversa foi muito importante para ela, bem como a concessão de um tempo maior de prova.

Costumava ir para as aulas com vestidos florais e eu nunca deixei de dizer que admirava muito as estampas dos vestidos e, verdadeiramente, eu gostava delas. Ela endireitava a coluna e sorria, demonstrando, claramente, uma melhora na autoestima.

Uma vez mais, ratifico que não me refiro à análise de dados estatísticos, e sim a uma vivência, a um olhar mais atento para alunos e alunas.

A sala de aula é um universo muito especial, em que são estabelecidas relações que envolvem, por exemplo, conhecimento científico e tecnológico. Entretanto, como pedra fundamental de todo esse arcabouço, não podemos estabelecer como segundo plano a figura humana, mormente, neste relato, se destaque a feminina, a energia do feminino, tão importante para o equilíbrio das relações nas mais variadas perspectivas.

Convido vocês, principalmente, os(as) educadores(as), para que utilizem seus sentidos, "enxergando" e não simplesmente vendo, "escutando" e não simplesmente ouvindo, compreendendo que, na junção de ambos, do enxergar e do escutar, estarão "sentindo", "lendo" os seres humanos que cruzam seus caminhos na sala de aula da vida.

Saber enxergar e escutar pode ser determinante para que se promova uma sociedade mais justa e democrática, principalmente para as mulheres afrodescendentes ou portadoras de alguma deficiência.

O intuito destes relatos de experiência é agregar valor às relações educacionais das salas de aula, sejam elas com ou sem paredes, com ou sem muros; mas, principalmente, agregar valor às relações humanas, entendendo-se que o feminino possui nuances ricas e próprias, com as quais as mulheres precisam ser protagonistas das suas vidas e, muitas vezes, nós educadores, precisamos ser ponte, curando, arando e educando.

23

HISTÓRIAS QUE INSPIRAM HISTÓRIAS

O texto *Histórias que inspiram histórias,* de autoria da profissional de organização, apresentadora, atriz e empresária Micaela Góes, fala sobre como somos capazes de aprender e nos transformar a partir de experiências biográficas de outras pessoas. A autora pontua seu encantamento por obras biográficas e como elas a ajudaram a construir a própria caminhada. Micaela compartilha a experiência de sua trajetória, construindo pontes com histórias de mulheres que a inspiraram.

MICAELA GÓES

Micaela Góes

Contatos
micaela.goes@acasacomvida.com.br
21 96421 1672

Micaela Góes é carioca e bailarina clássica pela John Cranko Schule, em Stuttgart, Alemanha. Formou--se atriz e em Teoria do Teatro pela UNI-Rio e pós graduou-se em Arteterapia na mesma instituição. Descobriu-se consultora em organização em 2004 e, desde então, vive novos desafios para encontrar soluções ideais para todas as situações. Sua marca registrada é a busca por soluções sob medida para cada cliente. Desde 2011 comanda o programa Santa Ajuda no GNT, primeiro programa de organização produzido no Brasil, apresentando e produzindo o conteúdo, mas não parou por aí: em 2022, Micaela lançou-se no novo desafio de apresentar o programa Desapegue Se For Capaz, ao lado de Sabrina Sato. Em 2017, atendendo à forte demanda de formação profissional em organização residencial, fundou no Rio de Janeiro a escola de organização e bem-estar A Casa Com Vida, com as sócias Ivana Portella e Stella Rangel, oferecendo curso de capacitação para profissionais de organização e interessados em resgatar a relação saudável com a casa. Micaela tem participado de encontros nacionais e internacionais sobre organização residencial e coorporativa; e decoração e saúde da casa, tornado-se referência entre os profissionais da área. É influenciadora digital no segmento de organização, produtividade e otimização de recursos da rotina doméstica.

Já pararam para pensar o quanto aprendemos com as histórias de vidas de outras pessoas?

Pelas experiências biográficas, somos capazes de nos imaginar em tais vivências, mesmo não as tendo vivido de fato. Não apenas aprendemos como também nos reconhecemos, nos identificamos, nos projetamos, descobrimos saídas criativas, achamos soluções para nossos conflitos.

Sempre me interessei por histórias de vida. Livros, filmes, séries, relatos pessoais. O que me encanta nas narrativas biográficas é entender os mecanismos de que cada indivíduo lança mão para superar os obstáculos que a vida apresenta.

Durante minha caminhada em busca do meu lugar no mundo, encontrei coragem e inspiração nas histórias de outras mulheres.

Como a resiliência da bailarina cubana Alicia Alonso, que transformou sua fraqueza em força. Ela já era uma grande bailarina quando começou a perder a visão em função de um duplo descolamento de retina. Enquanto estava de repouso, imóvel na cama, ela repassava e criava coreografias em sua cabeça. Ela encontrou uma forma de dançar sem se mexer. Alicia dançava com a mente. Quando pôde voltar aos palcos, parcialmente cega, descobriu um jeito de se guiar no palco seguindo as luzes da ribalta. Alicia não deixou de fazer o que amava só porque não podia enxergar.

Iniciei minha caminhada pela dança. Comecei meus estudos de balé clássico ainda criança, aos oito anos de idade, e me apaixonei. Meu encantamento me levou a tomar a decisão de que queria ser bailarina profissional. Se Alicia conseguiu, me parecia um objetivo possível. Dediquei-me com afinco para esse propósito. Preparei-me como uma atleta para saltar os obstáculos do caminho até atingir meu objetivo. Até que surgiu a oportunidade de ir para Havana, estudar dança no Ballet Nacional de Cuba, escola fundada por Alicia Alonso. Aprendi a dançar com mente e alma. Entendi que a dança transcende o corpo.

Alguns anos depois, ganhei uma bolsa de estudos e fui morar na Alemanha para estudar na John Cranko Schule, a escola do Stuttgart Ballet, onde concluí meus estudos e me tornei bailarina profissional. Missão cumprida. Eu vivia dança.

Eis que um acidente de trabalho, por excesso de treino, mudou o rumo da história e me levou para o estaleiro. Durante o processo de recuperação, tive muito tempo para pensar, me dei conta de que talvez meu físico, músculos, ossos e ligamentos não aguentariam por muitos anos aquele ritmo de treinamentos. Era preciso encontrar outro caminho. Durante esse período, muitas histórias me ajudaram a refletir, entre elas, a história de Rosa Parks.

Rosa Parks, uma norte-americana do Alabama (EUA), vivia na cidade segregada de Montgomery, onde negros e brancos não podiam se misturar. Frequentavam igrejas, escolas, lojas, elevadores e portarias diferentes. No entanto, todos utilizavam o mesmo ônibus para se deslocar. A regra era: brancos na frente e os negros no fundo. Certo dia, Rosa voltava do trabalho para casa sentada no fundo do ônibus reservado aos negros. O transporte estava lotado e não havia assentos disponíveis na parte da frente destinado aos brancos. O motorista ordenou que Rosa cedesse seu lugar a uma pessoa branca. Rosa se recusou. Ela foi presa. Seu ato de bravura mostrou aos seus pares que era possível dizer *não* à injustiça. Um boicote aos transportes municipais foi programado e nenhuma pessoa negra entrou num ônibus até que a Suprema Corte norte-americana declarasse a segregação racial inconstitucional. O ato de coragem de Rosa Parks mudou as leis e o rumo da história entre negros e brancos.

Até então, eu nunca havia pensado em ser outra coisa além de bailarina. Naquele exato momento, decidi que eu não queria mais ser bailarina.

Era preciso ter a coragem de Rosa para recalcular a rota.

No ano seguinte, ingressei na Faculdade de Artes Cênicas da Uni-Rio. Redirecionei minha carreira da dança para atuação sem sair do palco. Fiz peças de teatro, filmes, novelas e séries. Coloquei-me na pele de muitos personagens para contar suas histórias. Sempre fui fascinada pela magia de ser tomada por vivências diferentes da minha e de proporcionar ao espectador a possibilidade de embarcar nessa viagem imaginária.

Ao fim da faculdade, emendei uma pós-graduação em Arteterapia. Eu tinha um novo plano, redirecionar minha experiência em dança e teatro para um caminho terapêutico. Minha intenção era que a expressão artística pudesse ampliar ainda mais a sua função, sendo um veículo de desenvolvimento pessoal. Como Cora Coralina, mais uma vez, resolvi recomeçar.

Cora Coralina tinha 75 anos quando publicou seu primeiro livro. Desde criança, ela sabia que escrever poesia era sua missão neste mundo, mas naquele tempo as mulheres deveriam seguir outro roteiro: encontrar um bom casamento e procriar. Coralina estava com 60 anos quando resolveu que era hora de dedicar-se à poesia. Para viabilizar seu sustento, ela vendia bolos e poemas na porta de casa. Para Cora, qualquer hora pode ser uma boa hora para recomeçar.

Tinha a sensação de que ainda não havia encontrado meu lugar. No entanto, a única forma de encontrá-lo era seguir buscando.

Foi quando aconteceu a reviravolta em meu percurso. Mais uma.

Surgiu a oportunidade de ajudar uma amiga a transformar sua casa num lar.

Organizamos os armários e gavetas, montamos os quartos, providenciamos novos enxovais, repusemos utensílios, reestruturamos a logística de compras e entregas, elaboramos cardápios semanais, organizamos as contas.

Aprendi que organizar é muito mais do que encontrar um lugar certo para cada coisa. Organizar é reformular o ritmo e a pulsação da casa, e isso muda tudo. Uma casa organizada e funcional flui sem esforço. Isso não tem nada a ver com rigidez; tem a ver com fluidez.

Ao fim do processo, minha amiga sugeriu que eu oferecesse o serviço de organização para outras pessoas. Fiquei surpresa com a proposta, pois não imaginava que aquilo que era tão orgânico para mim pudesse ser uma dificuldade para alguém. Ela percebeu uma qualidade natural em mim que eu mesma não reconhecia como talento. Por isso, costumo dizer que a organização me escolheu. Eu vinha me preparando e estudando para desenvolver outras atividades que pareciam distantes de mim e não me dei conta de que a chave da porta de saída do meu labirinto já estava nas minhas mãos.

A organização me encontrou e eu a encontrei em meu caminho. A satisfação de ver vidas transformadas por meio da organização virou meu alimento.

O percurso foi se encadeando e fazendo sentido: da organização de residências, tive a oportunidade de ampliar para programas de televisão e alcançar mais casas e mais pessoas. Percebi que havia estruturado um método ao me debruçar sobre meu percurso para elaborar um livro. Veio então a necessidade de ensinar esse ofício para quem desejasse fazer as pazes com a organização. Surgiu a ideia de fundar uma escola de organização e bem-estar com minhas parceiras. A Casa com Vida nasceu com a missão de "organizar um melhor viver". Desde então, estamos contribuindo com a formação do mercado de organização profissional, capacitando profissionais com habilidades interdisciplinares para oferecer soluções sob medida para as pessoas.

O caminho da individuação não é uma linha reta. É sinuoso. É exatamente isso que nos faz desenvolver nossas habilidades e capacidades, para expressá-las no momento oportuno.

A manifestação do meu trabalho como especialista em organização é a fusão de todos os meus aprendizados. A bailarina me ensinou a disciplina, a atriz me ensinou a flexibilidade e a capacidade de improvisar, a arteterapeuta me ensinou a escutar e cuidar. Todas estas características estão presentes na expressão do meu trabalho em organização profissional. Somos o resultado de nossa caminhada. Nada se perde, nada se desperdiça, nada é subtraído, ao contrário disso, as experiências se somam e se multiplicam.

Ao compartilhar minha história, meu desejo é inspirar e encorajar o percurso de busca de cada um. É preciso ter a resiliência de Alicia, a coragem de Rosa e a ousadia de Cora. Todos nós temos potências e talentos guardados em nós. O grande desafio é identificá-los, lapidá-los e expressá-los.

Para mim, dom ou talento é aquilo que temos em quantidade superior ao que cabe em nós e por isso extravasa. Nossa expressão é o transbordo de nosso talento. É aquilo que excede os limites da contenção física e necessita correr para fora em resposta e, sem dúvida, em agradecimento a tudo aquilo que nos foi ofertado e por nós lapidado.

A chave da porta de saída de seu labirinto interior está em suas mãos.

24

EMPODERADAS PELA COMUNICAÇÃO DIGITAL
PROJETO SOCIAL COM BOROGODÓ

Neste capítulo, eu narro a trajetória de como uma criança hiperativa, que sonhava em ser chacrete, vingou como mulher de negócios protagonista, empacotando suas paixões pela arte de ensinar e de interpretar. Dona da empresa Escola Comunicação com Borogodó, que oferece recursos educacionais digitais para aprimorar a sua comunicação com muito borogodó.

PIA MANFRONI

Pia Manfroni

Contatos
www.piamanfroni.com
escola@piamanfroni.com
Instagram: @piamanfroni
21 97644 6650

Bem-vinda, *bienvenida, benvenuta* ao meu mundo mágico! O que acontece quando um sangue latino encontra uma veia cômica? Nasce *una mujer* com uma história *muy particular*. Autêntica, comunicativa, divertida, arrojada, glamourosa – sou uma Mulher *Power*! Atuo no mundo real como atriz, diretora, professora, mentora e dona da Escola Comunicação com Borogodó, voltada para educação, eventos e projetos sociais. As habilidades e técnicas que aprimorei ao longo da minha carreira de atriz e, principalmente, como diretora de teatro e de audiovisual são essenciais para empreendedoras e empresárias que atuam no mercado digital. Eu acredito que a ação é o combustível que libera energia para motivar, influenciar e quero orientar mulheres multipotenciais a se comunicar com autenticidade e a impactar o mundo com a sua mensagem – deixe sua marca! "Rir é um ato de resistência" (Paulo Gustavo) | Pra sempre Illy.

L*adies and Ladies*, apertem o *start* que vai começar a origem da trilha de aprendizagem do projeto social "Empoderadas pela Comunicação Digital", voltado para mulheres Microempreendedoras Individuais (MEI) que nasceram antes dos anos 1980 (as 40+), intituladas nativas não digitais, que desejam ampliar a presença do seu negócio no Instagram, desenvolver habilidades essenciais da profissional do futuro e se comunicar de forma consciente.

O empreendedorismo feminino desempenha um papel importante para reduzir as diferenças entre as oportunidades de crescimento na carreira de mulheres e de homens. A busca pela igualdade de gênero é um direito humano. Por isso, a missão desse projeto é potencializar e amplificar a voz de empreendedoras digitais por meio de experiências práticas, interativas e criativas, para que atuem com o seu diferencial, o seu borogodó e causem impacto no seu entorno e no mundo dos negócios.

Formaremos a comunidade TPM – Tribo *Power* de Mulheres. Afinal de contas, as mulheres aprendem a ser *power* com a ajuda de outras mulheres!

Quem sou eu na fila do páo?

Mulher de bem com a vida, tenho o humor como carro-chefe e o objetivo de rir de mim mesma! Sou um *pout-pourri* da minha história pessoal e profissional: composta de experiências, salpicada de habilidades, somadas à minha paixão pela Educação e pela Arte.

Dessa combinação, nasceu a Escola Comunicação com Borogodó – da qual sou CEO –, voltada para educação, eventos e projetos sociais, oferecendo recursos educacionais digitais para aprimorar a comunicação, utilizando técnicas do teatro e da oratória.

Afinal, borogodó cada um tem o seu! A pessoa com o próprio jeito de se expressar conquista o mundo, é irresistível, tem borogodó!

Vivo a história que quero contar. Se eu posso, todas nós, mulheres, podemos: esse é o meu propósito protagonista!

A arte sempre presente: interpretar e ensinar

A aprendizagem é um simples apêndice de nós mesmos; onde quer que estejamos, está também nossa aprendizagem.
WILLIAM SHAKESPEARE

A Arte e a Educação sempre caminharam juntas na minha vida. A Criança Hiperativa que queria ser chacrete e não vingou acabou sendo expulsa de todas as escolas. E foi com a patota do teatro que a Aborrecente Rebelde encontrou o seu lugar e iniciou sua jornada pela estrada dos tijolos amarelos na escola de improvisação O Tablado. A cor amarela é a cor do meio do arco-íris: a cor do equilíbrio, não dos extremos, assim como o teatro: o desequilíbrio equilibrado, em que todos são bem-vindos! Agradecimento especial à dramaturga e diretora Maria Clara Machado.

Você deve estar pensando: foi aí que a Anginha (meu apelido à época) começou a carreira artística; ledo engano, embora muitos já me vissem como uma atriz nata! Ao término das atividades escolares, o desejo de continuar a linhagem de mulheres professoras da família imperou: vou lecionar. E eis que surge a Jovem Ativa professora!

No Colégio Eduardo Guimarães, Rio de Janeiro, me formei professora e passei a me apresentar como Angela Pia. Lá, envolvi um novo olhar sobre a vida, a partir de ações inclusivas na educação e entendi o que era cidadania. Lecionava no 1º e 2º graus (correspondentes ao ensino fundamental e médio, respectivamente) e também ministrava cursos de teatro. O bichinho do teatro continuava em mim.

Segui minha jornada e me graduei em Licenciatura Plena em Artes Cênicas, pela UNIRIO, onde realizei pesquisas que geraram as propostas: "Abraçando uma causa nobre – a importância do teatro na educação e seus processos criativos" e o "Método Criativo Improvisacional", que atualmente aplico nas oficinas de teatro on-line da Escola Comunicação com Borogodó.

A Mulher Proativa Pia Manfroni firmou-se na carreira artística: teatro, TV e cinema (www.imdb.com/piamanfroni). E quando atuei na novela "Escrito nas Estrelas", entrei para o seleto grupo da Curinga Agenciamento, da queridíssima Cibele Santa Cruz. ¡Gracias, Flor! Era a certeza de que eu estava no caminho certo, afinal, estava escrito nas estrelas.

Responsabilidade social, responsabilidade digital

Trabalhei na Escola Mopi como coordenadora de eventos; o projeto Mopi Solidário era a minha menina dos olhos, sendo um dos beneficiados o abrigo Aldeias Infantis Pedra Bonita, no bairro do Itanhangá, Rio de Janeiro. Para inserir os moradores da comunidade local em seu contexto cultural, elaborei o Projeto Arte Solidária, aproveitando o teatro e a capoeira do Mestre Pajú como meios de comunicação. Apresentei a proposta ao Márcio Siqueira, responsável pela gestão do espaço, e convidei a então coordenadora do Mopi, Beatriz Longo; e deu *match*!

Usei meu *network* para trazer o apoio das empresas e realizamos o "Parabéns pra Nós" com atrações artísticas, até que, por motivos alheios à nossa vontade, a unidade Pedra Bonita fechou suas portas e os moradores foram transferidos para Jacarepaguá.

O abrigo Pedra Bonita foi reaberto em 2018 e, até agora, abriga refugiados venezuelanos. Sempre mantive contato com o Márcio, colaborei com as ações e, em 2022, escrevendo este capítulo, percebi que necessitava resgatar meu posicionamento como cidadã: responsabilidade social.

Acolhida pela atual coordenadora, Ana Nunes, criei a oficina Labs Carreira On-line, com o intuito de preparar os envolvidos para o mercado de trabalho: responsabilidade digital.

Novos voos, nova cidade, nova profissão

Ingressei no mundo corporativo com a Truque Produções – dos meus amores Marconi Patterson e Ruslan Alastair, que atua na produção e cenografia de eventos e programas de TV, produzindo grandes eventos – e como diretora de cena. Foi então que desempenhei o papel de *coach* dos empresários do Grupo Sá Cavalcante. Um mundo novo se abriu.

Fui convidada para ser diretora artística na TV Capixaba (afiliada à Rede Bandeirantes de televisão) com uma equipe multipotencial para repaginar a grade da emissora durante um ano. Meu xodó era o programa de entretenimento "Acontece", apresentado por Viviane Anselmé (Vivi). Criamos quadros inovadores, como o *reality fitness* "Linha Dura", no qual acompanhamos a evolução do bem-estar físico e mental da Vivi e o "Miss ES 2013", *reality* de preparação da candidata Anne Volponi para o Miss Brasil (youtube/pia-manfroni). Gratidão, meus tchucos queridos e, em especial, à Vivi, que é das minhas: da arte, do entretenimento e da educação.

Início da jornada protagonista

Vou dar um salto quântico e chegar ao ponto relevante: o motivo pelo qual fui convidada pela minha amiga-irmã e parceira de trabalho, Simone Santos, a escrever este capítulo. Gratidão eterna pelo chamado!

A Mulher Proativa, agora, encontrava-se adulterada. Sentia-me perdida. Em busca de um propósito, iniciei a jornada no mundo digital. Em 2019, já estávamos na era digital e precisávamos entender o impacto que isso causava. A indústria da tecnologia da informação e do conhecimento seriam os grandes negócios do futuro, como vemos hoje.

Foi quando recebi um novo chamado para ingressar no Clube da Vida Divina, da especialista em Prosperidade Rafaela Generoso. Mergulhei fundo para desvendar minhas travas, afinal de contas, a saída é para dentro. Foi nesse coletivo feminino que conheci a Simone Santos, mentora de Mulheres Líderes. Ganhei uma família! Brilha, prosperidade!

Minha jornada no marketing digital

Iniciei meus estudos em Marketing digital, no curso on-line Marca Sexy, da especialista em arquétipos de marca Tatiana Marx. A missão era construir um negócio de sucesso, usando o poder dos arquétipos, recurso aplicado por marcas consagradas do cinema e da música. Eu, como artista, me identifiquei na hora.

Tati, a chefona da gangue, aborda os 12 arquétipos de marca, utilizados no mundo corporativo, a partir da teoria de Carl Jung, adaptada e introduzida pelas pesquisadoras Margaret Mark e Carol Pearson no livro *O Herói e o Fora-da-Lei*. É um processo de tomada de consciência sobre nossa personalidade única e nossas motivações e comportamentos instintivos. Pertenço ao grupo de Maestria e Risco e meu arquétipo dominante é o Herói: "Onde há vontade, há um caminho".

Na minha infância querida, como boa criança hiperativa, adorava o seriado de TV Batman e Robin. Pesquisando, descobri que a Batgirl nasceu sob encomenda para suprir uma ausência de personagens femininos e, com isso, aumentar a audiência (heroinasedivas.wordpress.com). Daí surgiu a Babs, seu apelido carinhoso, uma doutora em Biblioteconomia, bailarina, motoqueira, 30 anos, solteira e feminista. Essa era a Batgirl pensada como reflexo do movimento feminista da década de 1960 e 70. Lutava de forma independente contra o crime: uma mulher *power*!

Já as más línguas dizem que ela foi criada para ser o par romântico de Robin. O motivo? Acabar com as brincadeiras sobre existir um relacionamento entre Batman e seu companheiro – não vale rir! Sim, eu tenho certeza de que você riu!

O projeto "Empoderadas pela Comunicação Digital"

Esperançar é levar adiante, esperançar é juntar-se com outros para fazer de outro jeito.
PAULO FREIRE

Durante a pandemia de covid-19, mergulhei nos outros cursos da Tatiana Marx, SOS – Método de Lançamento Autêntico, e Oráculo – Formação em *Branding* Emocional. "Empoderadas pela Comunicação Digital" nasceu durante a avaliação do meu TCC na formação em *Branding*, que estou aprimorando na pós-graduação da Escola de Negócios de Barcelona (ENEB). Sim, sou dessas, uma eterna aprendiz!

Com foco na área social, educacional, digital e cultural, esse projeto visa a transformar o cenário da liderança feminina no Brasil e no mundo, incentivando mulheres de negócios a atuar de forma consciente, comunicando com borogodó e exercendo o protagonismo.

Aprender, interagir e colaborar, por meio de uma experiência ética, criativa e inclusiva.

Novas profissões surgirão nos próximos anos e é necessário requalificar a força de trabalho para continuar atuante, e a comunicação é um dos elos das relações humanas, talvez o mais importante. Abraçar novas tecnologias e vivenciar uma experiência social, de trabalho e de organização se faz cada vez mais necessário.

O modelo híbrido de trabalho veio para ficar. Hoje, podemos exercer atividades em qualquer lugar do mundo, e estabelecer conexões mais profundas e colaborativas. Se o mundo mudou, eu mudei. Senti a urgência de ter meu próprio negócio.

Agora, Pia Manfroni é a versão Mulher de Negócios Protagonista.

Método Comunicação Digital Consciente (MCDC): comunicação, linguagem e expressão no meio digital

Só quem está preparado tem possibilidade de improvisar.
AUTOR DESCONHECIDO

Compromisso da marca: ecoar a voz feminina, seja no mundo presencial e, principalmente, no universo digital, com foco em mulheres não digitais como eu, por meio de experiências criativas e da Comunidade TPM!

Comunicar uma narrativa autêntica que gere conexão, para que a identidade da sua marca esteja presente na mente e no coração do seu público, estruturando a base dos seus conteúdos e potencializando a comunicação interpessoal, por intermédio de lives.

A minha missão é que cada mulher de negócios trace a própria jornada, alinhando suas habilidades aos seus desejos; atue de forma livre, significativa e criativa, gerando resultados frutíferos na vida pessoal e profissional.

Os quatro pilares do MCDC:

1. Autoperformance: preparação, por meio de experiências criativas, aplicando as técnicas do teatro.
2. O MCDC: seis passos para se comunicar de forma *power*.
3. Oratória encantadora: tríade conteúdo, voz e corpo. Atuando de forma integral.
4. Cocriar: Comunidade TPM – Tribo de Mulheres *Power* que, por meio de *collabs* digitais, potencializam sua rede de contatos – *networking*.

#SomosoQueFazemos
#QuemNãoSeComunicaSeTrumbica
#QuemSabeFazaoVivo
#ComunicadoraPower

Não há lugar melhor no mundo do que o nosso lar: o Lar Digital

Você acompanhou, até agora, a narrativa da Mulher de Negócios Protagonista, que muda a sua vida quando inicia uma nova jornada pela estrada de tijolos amarela. Na companhia da sua criança interior, calçou seus sapatinhos mágicos e, com três batidinhas no calcanhar, disse: "Não há lugar melhor no mundo do que nosso lar: o Lar Digital".

Eu, Pia Manfroni, atualizo sempre a minha versão por meio de experiências; formulo planos durante o percurso e a frequência do meu coração dita o ritmo. Sigo em frente, com coragem, dando cor às minhas ações e com o medo me auxiliando nos sinais de alerta. Empacoto minhas paixões, habilidades e, assim, encontro o meu lugar no mundo.

Afinal, como heroína, "onde há vontade, há um caminho". Liderar e impactar o mundo, deixando minha marca, sempre em busca de mudanças e crescimento – mesmo com todos os percalços – e com o desejo de que a minha energia e meu exemplo motivem quem estiver no meu entorno para que, juntos(as), possamos fazer a diferença no mundo.

Um beijo e um queijo! E um agradecimento especial a Dorothy, Totó, o Espantalho, o Homem de Lata e o Leão, amigos de jornada na estrada dos tijolos amarelos de O Mágico de Oz.

25

IMPOSSÍVEL É DEUS PECAR

A trajetória de uma vida que tanto se caracteriza como ato de resistência, como um testemunho de empoderamento feminino. De como uma menina que talvez estivesse condenada a nunca ousar – caso apenas repetisse os passos formatados pela sua origem social –, mas vem alçando voos mais altos na transformação coletiva do seu entorno, mirando-se nos espelhos dos exemplos de seus ancestrais obstinados.

ROBERTA FERREIRA

Roberta Ferreira

Contatos
psicopedagogarobertaferreira@gmail.com
Instagram:@robertaferreira.psicopedagoga
21 99353 3798

Psicopedagoga clínica e institucional (UNESA), palestrante e pedagoga (UFF/IEAR, Angra dos Reis/RJ), atriz e diretora teatral. Desde 2010, atua em palestras, oficinas de teatro e organização de eventos culturais e artísticos, de início dentro da universidade e, posteriormente, junto às empresas com as quais colaborou. Compreende a arte como ferramenta para atuação pedagógica e psicopedagógica capaz de auxiliar o processo de aprendizagem com recursos lúdicos e multidisciplinares. Atualmente, é membro e Diretora de Juventude no Rotary Clube – Angra dos Reis (RJ).

Concluir um curso universitário pode ser considerado um ato de resistência frente à estrutura social na qual filhos de operários devem permanecer na base da pirâmide, contribuindo para a manutenção da riqueza de poucos.

Mas como dizia minha avó materna, Etelvina: "Impossível é Deus pecar!". Essa frase durante muitos anos ecoou dentro de mim e foi responsável por impulsionar a decisão de escrever a minha própria história, aliada aos exemplos daquela mulher que, aos seis anos de idade, viu um avião pela primeira vez em sua vida e prometeu que "um dia voaria naquele pássaro de ferro".

Minha história com a educação e com a arte começou desde muito cedo. Meus pais (Paulo Roberto e Zenilda), apesar do pouco estudo, sempre desejaram que seus filhos pudessem ter acesso àquilo que, para eles, ficou em segundo plano.

Ambos eram filhos de agricultores, tiveram nove irmãos e, como era costume naquela época (e ainda hoje), tinham que ajudar a cuidar dos irmãos menores e trabalhar na roça.

Minha mãe teve apenas a alfabetização, pois tinha muito medo de enfrentar as estradas para ir à escola, uma vez que passava por lugares em que o mato era tão alto que a cobria por completo. Passou a ajudar nas tarefas de casa, limpando, lavando e fazendo as refeições.

Saiu de casa aos 19 anos, quando decidiu ir para a cidade morar na casa de uma prima e trabalhar como empregada doméstica.

Meu pai estudou até a quarta série (quinto ano do ensino fundamental, nos tempos atuais), mas sempre teve uma relação muito próxima com estruturas, desenhos e aprendia muito rápido tudo o que poderia contribuir para ter um emprego um pouco melhor. Costumo dizer que, se meu pai tivesse estudado, certamente seria um excelente engenheiro civil ou arquiteto.

Aos 14 anos, foi morar na cidade, inicialmente na casa de parentes que também decidiram sair da roça para trabalhar em construções, pedreiras, empreiteiras. Por diversas vezes, seu único colchão foi papelão ou jornal e seu cobertor, um saco de estopa: dormiu em rodoviárias para economizar dinheiro de passagem e se oferecia para ser ajudante de cozinha nas empresas em que trabalhou para poder fazer seu cafezinho diário e ter um pouco de tranquilidade nas horas das refeições.

Quando decidiram se casar, pensaram em comprar um terreno juntos, para não dependerem de aluguel ou casa de familiares. Com a chegada dos filhos, a principal decisão deles foi de garantir que tivessem oportunidade para estudar.

Assim, antes mesmo de meu irmão (Robson) e eu irmos para a escola, eles pagaram uma professora particular que nos ensinou a ler, escrever e contar.

Tínhamos televisão (em preto e branco) e rádio, o que era raro naquela época. Lembro-me até hoje de quando compramos a primeira TV colorida. Alguns vizinhos vinham assistir a jornais e novelas em nossa casa.

Houve um tempo em que eu gostava quando meu pai chegava em casa com as marmitas amassadas, pois sempre vinham pedaços de carne. Eu não imaginava que, naquele dia, ele poderia ter deixado de comer para que pudéssemos ter a mistura na mesa. Para mim, aquilo era como um dia especial, no qual a gente poderia experimentar uma coisa nova.

Verdadeiramente, admirava os programas de reportagem e imitava a forma como eles falavam, porque gostava de ouvir os elogios das professoras quando tinha que apresentar algum trabalho na escola.

Viajar para a casa dos nossos avós paternos e maternos era um prêmio para as nossas notas e a aprovação na escola. Todos moravam em sítios, dos quais tenho inúmeras recordações: nadar nos riachos, correr atrás das cabras, cavalgar…

Acredito que meu gosto pela arte e música tenha vindo dos meu avôs paterno (Doca) e materno (João), que durante as noites gostavam de pegar a viola e arriscar uma cantoria.

Tenho poucas lembranças da minha avó paterna (Alice), lembro-me com carinho daquela mulher de cabelos compridos e dos anos em que viveu na cadeira de rodas.

Porém, minha grande admiração sempre foi pela determinação da minha avó materna, Etelvina. Uma mulher que desde muito cedo acreditava na vida.

É dela o título deste capítulo porque, por muitos anos, foram as palavras dela que ecoaram na minha mente e fizeram com que eu acreditasse que poderia ser diferente.

Fui a primeira da família a completar o ensino médio. Para muitos, naquela época, "isso já era estudo demais", uma vez que, para trabalhar em casa de família, só era preciso saber ler e contar. Pois, certamente, eu substituiria minha mãe, e seria empregada doméstica (o que seria muito digno, honesto e honroso), mas eu queria mais...

Após concluir o ensino médio, comecei a trabalhar para ajudar nas despesas da casa. Meu primeiro emprego de carteira assinada foi numa barraquinha de sorvete dentro de um supermercado na cidade onde morava.

Passei por vários outros empregos até decidir fazer um curso preparatório para o vestibular. Era um curso promovido por um projeto social: Oficina do Saber, da Universidade Federal Fluminense – em Niterói/RJ.

Nessa época, eu já trabalhava voluntariamente na Capela São José – como secretária. Organizava eventos, encontros, palestras, retiros e, aos 25 anos, fui chamada para ser ministra da eucaristia.

Por estar diretamente em contato com pessoas e histórias de sofrimento, pensei em fazer a faculdade de Psicologia. Mas também gostava muito de trabalhar com organização de eventos, como eu já fazia junto à capela. Então, fiz a inscrição em três cursos: Produção Cultural, Psicologia e Pedagogia.

Passei para o curso de Pedagogia, mas não era tão simples assim: a faculdade na qual eu estudaria seria em outra cidade, para não perder a tradição da família. Saí aos 29 anos da minha cidade (Itaboraí-RJ) e ingressei na Universidade Federal Fluminense – no Instituto de Educação de Angra dos Reis (IEAR).

Além do desafio da graduação, não poderia faltar também essa mudança em minha vida. E, acreditem, foi realmente o grande divisor de águas na minha história.

O curso de Pedagogia não foi a minha primeira escolha e muito menos a cidade na qual fui estudar, mas ao chegar e conhecer tantas pessoas com histórias e sonhos semelhantes, percebi que não poderia deixar aquela oportunidade passar.

Mais uma vez, a voz da minha avó Etelvina e os exemplos dos meus pais foram a base para que eu não desistisse. Devo ressaltar que, além da minha família, uma das pessoas que mais me deu apoio nessa decisão foi uma grande amiga, Rosa Bitencourt (além do seu esposo, Rodrigo, e de seus filhos), e muitos amigos da capela São José – Aldeia da Prata (bairro onde eu morava).

Os primeiros dias não foram fáceis. Eu não tinha absolutamente nada além de uma mala, um colchonete, um copo de guaraná natural e um pacote de pão de forma. Minha primeira companheira nessa aventura foi Gisele Oliveira, uma jovem moradora de Itaboraí (como eu). Só ela sabe o que enfrentamos juntas: saudade, medo, solidão, frustração, vontade de jogar tudo para o alto, mas havia algo em nós que nos fazia acreditar.

Pouco tempo depois, montamos nossa república que ficou conhecida como "a casa das sete mulheres", mas acho que nunca fomos apenas as sete. A configuração inicial durou pouco tempo, mudanças aconteceram, incluindo a nossa ida para um novo endereço, no qual permanecemos até o final da graduação.

Logo que cheguei à cidade, comecei a trabalhar na própria Universidade como auxiliar de serviços acadêmicos, num contrato de trabalho de uma empresa prestadora de serviços para a UFF/IEAR.

Também comecei a dar aulas particulares. O reforço escolar, por muitos anos, foi uma forma de adquirir renda em nossa república.

Depois começamos a produzir e vender trufas, nos juntávamos à noite para confeccioná-las. O dinheiro arrecadado nos ajudava na compra de legumes, frutas e até na compra do gás, algumas vezes.

Participei de programas do governo federal como o "Programa Mais Educação", ministrando aulas de Matemática e Letramento em escolas do município.

Ao término da graduação, comecei a trabalhar em uma escola do bairro (a CEDUC – Cooperativa Educacional Capacitar), mas não durou muito, pois meu irmão sofreu um acidente e tive que voltar para Itaboraí. Nesse tempo em que fiquei com minha família, comecei uma pequena empresa de cerimoniais de casamento. Fiz cursos de cerimonialista para eventos em geral. Foi a maneira que eu encontrei de trazer de volta o meu desejo pela organização de eventos.

Apesar da gravidade do acidente, meu irmão se recuperou e eu pude voltar para Angra. Comecei um novo emprego, junto ao Centro de Integração Empresa Escola (CIEE). Apesar de ser um contrato temporário, esse emprego abriu-me outra porta, pela qual entrei e permaneci por cinco anos, passando por cargos diferentes: a Universidade Estácio de Sá – UNESA.

Nela, fiz minha pós-graduação em Psicopedagogia Clínica e Institucional (porque eu não queria parar apenas na graduação). Trabalhei no setor de gestão de recursos humanos, no qual voltei a organizar palestras, eventos e um teatro com colaboradores e alunos que resultou no projeto "Setembro todos os Dias", que conta com uma página nas redes sociais, na qual abordamos temas voltados aos cuidados com a saúde mental e prevenção ao suicídio.

O maior evento que realizei junto a essa universidade foi o Dia da Arte (que marcou o encerramento da minha trajetória na empresa). Foi um dia de encontro com as diferentes expressões artísticas da região, como: artesanato, artes plásticas, teatro, oficinas de literatura e poesia, esporte, danças

Mulheres que transformam mulheres

(como: balé e jongo), entre outras. Nesse evento, conheci inúmeros artistas e o caminho para me tornar fazedora de cultura local.

Após a saída dessa empresa, comecei a minha "carreira solo" como psicopedagoga clínica e institucional, atendendo crianças, adolescentes, jovens e adultos com dificuldades de aprendizagem, além de empresas, que sempre foram o meu foco principal – na área de treinamento e desenvolvimento.

Tornei-me a psicopedagoga oficial de uma agência de modelos da qual também sou parceira de negócios.

Sou palestrante e atuo em projetos voltados aos cuidados com a saúde mental, desenvolvimento profissional e temáticas de conscientização.

Conheci o Rotary Clube de Angra dos Reis e os projetos que eram desenvolvidos, e decidi fazer parte dessa história; hoje atuo como diretora de Juventude.

Montei a Oficina de Teatro Arte, Cultura e Educação, que tem uma proposta multidisciplinar segundo a qual agregamos os conhecimentos dos educandos a produções autorais de roteiros para espetáculos teatrais, na produção literária, música, dança, entre outros.

Organizei um bazar, que recebeu o nome de "Hoje tem – Bazar e Artesanato" cujo objetivo é arrecadar fundos para as oficinas, montagem de figurino, compra de alimentos para produção de cestas básicas e doações de roupas, quando necessário. Além de ser mais uma porta para as artesãs exporem seus trabalhos.

Contribuí para a criação do grupo "Mulheres à frente do seu tempo", no qual tratamos não apenas das questões de legalização do trabalho das pequenas artesãs, mas também promovemos ações para auxílio a pessoas em situação de vulnerabilidade.

Conto minha história aqui neste livro para que vejam que, apesar de todas as dificuldades, sempre é possível escrever uma nova história.

A minha avó, Etelvina, a quem eu dedico estas linhas, escreveu a sua história e, mesmo depois de 80 anos, entrou no "pássaro de ferro" pela primeira vez, um dos momentos mais lindos que pude acompanhar em sua vida.

Mas, talvez, nenhuma das linhas desta história teria chegado a suas mãos se eu tivesse aceitado aquele futuro "já traçado pela vida".

Por isso, acredite nos seus sonhos e tenha pessoas que a inspiram, como eu tenho. Esta é a minha história, mas poderia ser a sua. E lembre-se: *Impossível é Deus pecar!*

26

EXISTE HORA CERTA PARA FAZER UMA TRANSIÇÃO DE CARREIRA?

A partir da perspectiva da Jornada da Heroína, criada por Maureen Murdock, convido você para refletir sobre nossas histórias – a minha e a sua –, entendendo como a relação patriarcado/matriarcado pode influenciar na hora de tomar suas decisões.

STELLA RANGEL

Stella Rangel

Contatos
www.acasacomvida.com.br
stella.rangel@acasacomvida.com.br
Instagram: @stellarangelcasanova

Empresária e sócia-fundadora da A Casa com Vida – Escola de Organização e Bem-Estar. Usando sua experiência de 20 anos como executiva no mercado financeiro/de seguros, Stella ministra cursos e palestras sobre empreendedorismo e montagem de negócios. Atua também como diretora financeira da ANPOP (Associação Nacional de Profissionais de Organização). Sua transição de carreira a fez repensar a vida e mergulhar também nos estudos sobre Psicanálise e Filosofia do Ioga, dos quais é uma estudante apaixonada.

São muitas as dúvidas que permeiam este momento, que chega de uma maneira tão diferente para cada uma de nós, mulheres em busca de uma transição. Para algumas, este chamado aparece como uma tempestade; para outras, como um vento leve e fresco; mas para muitas, surge em forma de dúvida, como um questionamento a respeito de si e seus verdadeiros desejos.

Calma! É assim mesmo e existe um caminho a ser entendido. Este percurso é um mergulho para dentro de si mesma, em busca de suas verdades e do entendimento sobre o momento certo para uma transição de carreira.

Falo sobre o assunto porque vivenciei na própria pele este processo e hoje tenho a honra de dividir com vocês minha trajetória, com a alegria de ter um olhar mais distanciado, como se estivesse vendo tudo pelo espelho retrovisor, conseguindo ligar os pontos e entendendo de forma clara tudo o que se passou dentro de mim quando percebi que precisava dar um basta na dinâmica em que eu me encontrava, para então abrir um novo ciclo.

Vou aqui abrir parênteses para contar, de forma breve, como se deu minha transição de carreira.

Trabalhei durante 20 anos em grandes multinacionais, no mercado financeiro/de seguros. Foi quando atingi o que se pode chamar de ápice na minha carreira – com o salário mais alto que já havia ganho e um cargo de diretora comercial na empresa – é que olhei para tudo em volta e pensei: não é isso o que eu quero mais.

Eu não sabia o que eu queria, mas sabia o que eu não suportava mais... Alguma coisa dentro de mim tinha mudado. Eu me via de *tailleur* e salto alto, no aeroporto, correndo feito louca, ficando de três a quatro noites por semana longe da minha família... aquilo não fazia mais sentido...

Comecei a me enxergar de fora. Como se eu fosse uma personagem de um mundo completamente estranho a mim mesma.

Enxerguei com clareza que eu não pertencia mais àquele lugar. Eu não me via mais sendo uma executiva de uma grande empresa. E não tive a menor vergonha de assumir isso e de ir atrás da minha nova escolha, que na época eu nem sabia qual era. Só sabia o que eu não queria: não queria estar ali.

Tem um filósofo sul-coreano chamado Byung-Chul Han, que é conhecido como o dissecador da sociedade do hiperconsumismo. Autor de livros como *Sociedade do cansaço*, Han diz que, apesar de não termos a consciência de que estamos sendo dominados, nos autoexploramos. "Você se explora imaginando que está se realizando", ele diz. Vamos observar... Será que não é por aí que estamos caminhando? Todos agimos da mesma maneira e por isso achamos tão normal? Eu não queria mais fazer parte do grupo que se autoexplora.

É isso que acontece em muitos casos, no mundo corporativo, no qual o sarrafo fica cada vez mais alto e você perde a noção. Perde a noção de quem você é e o que veio fazer no mundo.

Eu queria descobrir o que eu realmente gostaria de fazer no mundo. Saí, pedi demissão. Ufa... que alívio! Mas é claro que nada disso foi possível sem antes me planejar para esta decisão. Precisei também de bastante coragem. E coragem, sabe o que significa? Vem do latim *cor + aticum*. Agir com o coração. Foi o que eu fiz. Eu agi com o coração.

E me dei conta de que não era apenas a minha INDEPENDÊNCIA que eu queria. Eu queria a minha LIBERDADE".

Hoje não trabalho mais para terceiros, sou dona do meu próprio negócio. Fundei A Casa com Vida com a Micaela Góes e a Ivana Portela, há cinco anos. O propósito da Casa com Vida é aprender ensinando, é promover transformação e gerar impacto social.

Sou muito feliz com a mudança que fiz em meu percurso, mas é importante ressaltar que não há nada de errado em se manter como funcionária de uma empresa.

Não estou aqui dizendo que empreender é a única maneira de ser feliz. Não existe certo ou errado, existem perfis de pessoas diferentes e cada um se enquadra melhor em um desses universos.

Talvez muitas das leitoras deste livro também queiram realizar uma mudança profunda em suas vidas e ainda não saibam como. Talvez também estejam sedentas por liberdade, como eu estava. Quem busca empreender quer, acima de qualquer coisa – de dinheiro, de *status*, de poder –, a liberdade.

E para falar em liberdade e momento certo para essa transição, vou usar como referência, uma versão feminina da tão conhecida Jornada do Herói, criada por Joseph Campbell. A Jornada do Herói, apresentada no livro *O herói de mil faces*, fala apenas do herói masculino, e as mulheres aparecem de forma secundária. Para falar da jornada sob a perspectiva do feminino, surge a Jornada da Heroína, criada por Maureen Murdock de forma brilhante, nos levando a entender nossos comportamentos, nos lembrando que todas nós somos heroínas e que há algo de sagrado em nossas histórias – na minha e na sua.

Ao percorrermos a Jornada da Heroína, convido você para parar, refletir e observar o quanto se reconhece a cada novo trecho. Quando encontramos nosso ponto de partida, nosso caminho até o ponto de chegada se torna facilitado.

Se fizermos uma análise da sociedade atual, vamos perceber que temos sido convidadas para nos separarmos do nosso feminino para nos encaixarmos na dinâmica masculina, por uma imposição social.

Mas nem sempre foi assim. Voltando um pouco na história, encontramos há 10-12 mil anos uma era matriarcal, na qual o papel de liderança e poder eram exercidos pela mulher, especialmente pelas mães de uma comunidade.

Tempos depois, por questões religiosas, o patriarcado toma o lugar do matriarcado, realizando um processo de culpabilização das mulheres, no esforço de consolidar o domínio patriarcal. Os ritos e símbolos sagrados do matriarcado foram diabolizados, com a intenção de apagar totalmente os traços do relato feminino anterior.

Com isso, as gerações que nos precederam fizeram grandes movimentos para resgatar nossos direitos e nos colocar de volta em posição de igualdade, mas a maneira encontrada por elas foi a da competição. As mulheres começaram a acreditar que, para ter os mesmos direitos dos homens, precisavam competir com eles, principalmente no ambiente profissional. Essa competição levou as mulheres a acreditarem que deveriam agir como homens para que fossem respeitadas e, infelizmente, isso perdura até os tempos atuais. Ainda acreditamos, muitas vezes, que para nos impor, precisamos ser como eles. A partir dessa crença, nós, mulheres, passamos a negar o feminino e sua forma de agir, nos lançando muitas vezes na energia masculina. Como consequência dessa crença, algumas de nós passaram a achar, por exemplo, que menstruar é ruim; passaram a ter insatisfações com o próprio corpo; a acreditar que homem pode e mulher, não; a achar que mulher não se masturba; e a não olhar para nossa ciclicidade hormonal.

Com essa identificação com o masculino, acontece então o "*boom* do sucesso". Conseguimos ter cargos altos nas empresas, ganhar dinheiro e ter sucesso, mas também passamos a consumir mais, nos estressar mais e nos cansar demais, assumindo um milhão de papéis ao mesmo tempo. Deparamo-nos com crise de ansiedade, pânico, *burnout*... e um vazio no peito. É nesse exato momento que surgem os questionamentos, as dúvidas sobre nós mesmas, o olhar para nossas sombras e, assim, entendemos que não faz sentido querer ser o outro e sair da nossa verdade, das nossas potências.

Exatamente nesse momento de dúvidas e questionamentos, o mundo não nos entende e ouvimos algo do tipo: "Mas você tem um cargo tão alto na empresa, por que está infeliz?", "Você queria tanto ganhar como seu marido e agora quer desistir?", "Você nunca está satisfeita com nada, deve estar na TPM!", "Você vai abandonar sua carreira de sucesso para empreender e ainda sem nenhuma garantia e estabilidade?"...

Alguém se identifica? Eu ouvi tudo isso.

Quando chegamos a este estágio, em que tudo deixa de fazer sentido, quando nos questionamos sobre nossas escolhas e sobre o que queremos para o futuro, estamos no momento mais importantes da Jornada da Heroína, o momento do encontro com a cura. Este mergulho para dentro de nós mesmas é fundamental para a reconexão, para o renascimento.

Ao entrarmos em contato com essa insatisfação, que nunca tinha surgido antes, surge o desejo urgente de nos reconectar com o feminino. Observem que as mulheres que passam por isso, de uma hora para outra, sentem vontade de cozinhar, aprender jardinagem, organizar e decorar a casa, pintar, ou seja, há um anseio por coisas femininas. Ao mesmo tempo, surgem muitos *insights* e também muitas respostas, passamos a ter mais clareza sobre o que queremos em relação ao novo ciclo que se aproxima.

Quando entramos nesse estágio, é importante fazermos uma cura para além de nós mesmas, faz-se necessário uma cura de nosso possível olhar julgador sobre todas as gerações de mulheres da nossa família. Faz-se necessário olhar para as histórias delas, honrar, agradecer e seguir nosso caminho, independente da aceitação delas ou não. A partir daqui o caminho é só seu, a história é sua.

Com todo esse percurso transcorrido e com a cura do feminino em curso, entramos na fase da cura do masculino que há em nós, afinal, não devemos nos identificar somente com o masculino ou com o feminino, precisamos lidar com a ambivalência e entender que ambos são importantes. Sem que haja o equilíbrio, continuaremos caminhando de maneira desajustada, sem compasso. Não queremos competir, não queremos nos transformar no outro, queremos seguir nosso coração, mas sem perder a força. Faço aqui uma ressalva sobre a importância do não julgamento ou crítica: não se trata de uma questão de gênero, mas sim de uma provocação a um olhar reflexivo para os equívocos cometidos pelos que tentam ser quem não são. "Jamais seremos quem não somos", dizia um amigo meu, ao se referir aos que tentam agir como o outro, na ilusão de que o processo de imitação possa levar ao mesmo resultado.

Justamente quando sabemos quem somos e estamos encaixados em nossa identidade, surge nossa potência, surge o incopiável. Queremos o fim da competição. O feminino sonha, gesta. O masculino coloca o projeto no mundo.

Quando entendemos e percebemos essa jornada interna, sabemos exatamente o que queremos e deixamos de fazer o que a sociedade nos impõe, fluindo no ciclo da vida, com leveza.

Mas, afinal, voltamos ao título deste capítulo: "Existe momento certo para fazer uma transição de carreira?"

O momento em que unimos e integramos os aspectos femininos e masculinos em nós – este é o momento certo. Quando entendemos que um suporta o outro e que as duas energias podem andar juntas, estamos prontas para qualquer transição em nossas vidas.

Referências

BOFF, L. *Como o patriarcado se impôs ao matriarcado*. Disponível em: <https://bit.ly/3DNTAhS>. Acesso em: 20 ago. de 2022.

HAN, B. *Sociedade do cansaço*. Rio de Janeiro: Vozes, 2014.

MURDOCK, M. *A jornada da heroína*. Rio de Janeiro: Sextante, 1990.

PETRAGLIA, M. *Escrever com a alma*. 2018.

27

EMPODERAMENTO DIGITAL PARA MULHERES 60+

As oportunidades normalmente surgem em momentos em que a nossa mente não está totalmente preparada para aproveitar. Mas é nisso que temos que focar, pois aprendemos muito mais quando ensinamos. Tornar o público 60+, em especial as mulheres, empoderado digitalmente trouxe a possibilidade de experimentar algo incrível. Essa jornada de evolução está só no começo.

TATHIANA TAVARES

Tathiana Tavares

Contatos
tathianatavares.com.br
tathianatavares.tt@gmail.com
21 99781 2681

Empresária e empreendedora. Fonoaudióloga especialista em Disfagia e Linguagem. Especialista em Treinamento Cognitivo. Multifranqueada – unidades Supera Tijuca, Botafogo e Grajaú, Rio de Janeiro. Sócia-diretora na empresa CAAFI – Atendimento Fonoaudiológico. Chefe do Serviço de Fonoaudiologia – Residencial para idosos Camp. Fundadora da empresa VovóFilx – Empoderamento Digital para +60. Consultora de negócios.

Sobre mim...

Sou uma mulher forjada por muitas experiências e vivências. Filha, mãe de dois filhos lindos e amados, fonoaudióloga, empresária, gestora de pessoas e muito feliz. Minhas experiências profissionais me levaram a ter aprendizados muito diferentes, em áreas diferentes.

Aos 13 anos, escolhi fazer o ensino médio técnico em Eletrônica, apenas por entender que isso me traria recursos financeiros para ajudar em casa, para ajudar a minha mãe. Assim eu fiz. Formei-me aos 16 anos, apesar de não gostar da área que havia escolhido. Mas era o que tinha para mim, a escolha mais lógica e rápida para me inserir no mercado de trabalho. Aos 17 anos, já tinha a carteira assinada em uma multinacional.

Foram quase cinco anos de muitos aprendizados, conhecendo muitas pessoas peculiares, portanto, lidei com diferentes comportamentos: machismo, lideranças equivocadas, parcerias, amizades. Sempre procuro olhar para o que posso tirar de melhor de uma situação. Trabalhei em outra multinacional, nas áreas de vendas e administrativa. Após essa passagem por empresas, entrei no mundo do empreendedorismo e nunca mais saí. Graças a Deus!

Durante essa transição, desde a adolescência à vida adulta, desde deixar de ser funcionária e passar a empreender, minha avó materna apresentou uma patologia que, até o presente momento, não tem cura. O Alzheimer é uma doença degenerativa que acomete o sistema nervoso central, com fases em curso. Sempre falo que essa é uma das doenças mais cruéis que há, pois a mente começa a adoecer e o corpo não a acompanha, e apenas em estágios mais avançados o corpo declina. Ao conviver e assistir a toda dor por que a minha avó passou e à minha mãe, como cuidadora familiar dela, percebi que queria fazer algo voltado a essa área.

Meu trabalho e a minha conexão

Após trabalhar em alguns campos que não me trouxeram a realização desejada, finalmente me encontrei como fonoaudióloga. Na faculdade, não sabia ainda que eu seria muito hábil com o público idoso, mas comecei a me interessar muito pelo envelhecimento. Somente após amadurecer na profissão, fui me encaminhando a atender, especificamente, esse público. Presto serviço com a minha empresa especializada em atendimentos fonoaudiológicos, em um residencial para idosos, há mais de 13 anos.

Elaborei e ministro um curso para cuidadores cujo objetivo é preparar profissionais para as áreas de Disfagia e Linguagem, aproveitando a experiência de ter trabalhado em vários hospitais no Rio de Janeiro. Nesse contexto, descobri o que amo fazer, e trabalhar com o público idoso e suas famílias me fez ser uma profissional mais atenta ao envelhecimento.

Em 2011, entrei para a franquia

Buscava, há anos, poderia dizer desde que nasci, uma oportunidade de empreender. O Supera – Ginástica para o Cérebro surgiu no momento em que eu procurava por um negócio e escolhi investir nessa franquia na área da Educação. Entre tantas propostas, a de levar treinamento cognitivo, estimulando memória, atenção, foco, concentração, raciocínio lógico e habilidade socioemocional, me conquistou. Identifiquei a ocasião perfeita para me realizar e, assim, oferecer qualidade de vida e saúde mental a um público variado, na forma de cursos. Agora, eu poderia ser e fazer tudo o que eu queria, podendo agregar meus conhecimentos como fonoaudióloga, potencializando mais o método. Assim, comecei e inaugurei a primeira unidade no bairro do Méier em agosto de 2011.

Naquela unidade, identifiquei que poderia ter alunos de todas as idades, mas os idosos eram sempre os que mais nos procuravam. Seria uma atração natural, o meu foco nesse público, minha afinidade? Acredito que nós atraímos e criamos a nossa realidade, e como eu sempre gostei e tinha facilidade com o diálogo com essas pessoas, provavelmente, acabei atraindo esse grupo, até hoje.

Em 2016, encerrei o contrato da unidade Méier, e continuei com a unidade Supera Tijuca, comprada de repasse desde 2012. Em 2019, comprei a terceira unidade, aguardando inauguração no bairro do Grajaú e, em dezembro de 2021, comprei de repasse a unidade de Botafogo. Possuo mais de 15 anos de experiência na gestão de negócios, dos quais 11 à frente do Supera. Já tive mais de 1.600 alunos, sendo 80% de idosos, em sua maioria, mulheres.

Sou uma pessoa muito presente nas minhas empresas, gerindo-as, vivenciando-as e participando delas. Isso facilita as minhas tomadas de decisão e o sucesso na minha caminhada, também me permite perceber muitas dores e muitas alegrias ao longo desses anos, lidando com pessoas.

O presente que a pandemia trouxe

Em 2019, levei a unidade Supera da Tijuca a um patamar nunca alcançado. Com uma excelente equipe, eficiente para a demanda estabelecida pela rede de atendimento a mais de 340 alunos, com números e marcas jamais vistos. Muitas atividades, muitas ações para levar o melhor serviço para nossos alunos. A unidade Tijuca é ganhadora de vários prêmios desde 2019, e recebi o prêmio de Franquia do Ano, o maior prêmio da rede, em 2022.

Em março de 2020, quando foi decretado o isolamento social e a ordem de fechar tudo, devido à pandemia da covid-19, meu mundo caiu. Passei três dias paralisada, sem saber o que eu faria. Meus pensamentos eram invadidos por sentimentos de desespero e eu oscilava entre chorar e imaginar que tudo o que eu havia construído desmancharia. Tantos anos como franqueada, ganhando prêmios, tantos investimentos pessoais, profissionais e financeiros, tudo iria ruir. Mas isso só durou três dias. Imediatamente, me refiz e busquei soluções. Fui entender o que a pandemia poderia fazer com as pessoas e com a economia. Confesso que, às vezes, me batia um desespero, mas a minha vontade de sair daquela situação e dela extrair o melhor, me dava muita força.

Nossas aulas eram exclusivamente presenciais antes da pandemia. Nossos alunos eram 80% de idosos, ou seja, mais de 270 idosos, dos quais muitos moravam sozinhos. A maioria não sabia pedir um carro por aplicativo; imaginem, então, assistir a uma aula on-line. De fato, o acesso à tecnologia era muito restrito, não no que se refere aos recursos, mas à habilidade de usufruir deles. Em alguns casos, inclusive, fui pessoalmente à casa de vários deles para ensinar-lhes a instalar o aplicativo, por exemplo.

Imediatamente, orientei a equipe para gravar aulas. Foi a primeira iniciativa. Meus alunos não ficaram uma semana sequer sem o acesso às aulas, agora, on-line. Para entreter e levar o método em casa, iniciei várias frentes.

Aulas on-line: passaram a ser realizadas em uma plataforma digital. Fizemos adaptações dos roteiros de aula para o modo on-line. O método trabalha com várias ferramentas pedagógicas.

Material impresso: elaboramos as "coletâneas de exercícios cognitivos" cujos materiais foram produzidos levando em consideração os diferentes níveis do nosso público, por isso eram classificados como TID (Terceira Idade), 60+ (idosos com um pouco de lentidão cognitiva) e AD (Adultos). Muitos alunos não tinham como imprimir esses materiais e, por isso, passei a visitar em média quase 100 endereços por semana, entregando as coletâneas, de porta em porta, com uma funcionária.

Vídeos: minha equipe gravou dinâmicas lúdicas para que os alunos pudessem reproduzi-las em casa. Também elaboramos tutoriais sobre os jogos.

Empréstimos de jogos: disponibilizamos a nossa biblioteca de jogos para que os alunos pudessem jogá-los. Após a escolha on-line, eu os entregava na casa deles, e podiam ficar até duas semanas com os jogos.

Clube do livro: criamos esse clube para que nos encontrássemos de forma on-line, uma vez por semana. Um livro era selecionado, eu buscava uma versão em PDF gratuita e a enviava para os alunos. Esses encontros trouxeram boas risadas e aprendizados. Já foram cinco livros estudados desde o início dessa ação.

Chá da Cuca com a Tathi: reunia-me com os alunos de forma on-line, uma tarde ao mês, e proporcionava, além do entretenimento, diálogo sobre um tema variado e estímulo cognitivo.

Lives: iniciamos uma série de *lives* com convidados alinhados à proposta, tais como médicas, fonoaudiólogas, fisioterapeutas, pedagogas, nutricionista etc., a fim de ampliar as informações sobre qualidade de vida e saúde mental.

Empresa para apoio emocional: ao detectar que muitos alunos estavam entrando em depressão justamente pelo medo e as angústias geradas pelas incertezas, pelo afastamento da família, contratei uma empresa que realizava encontros semanais com exercícios para lidar com as emoções, também em formato on-line.

Além de todas essas atividades, surgiu a ideia de tornar os alunos mais íntimos dos seus celulares e, dessa forma, dar-lhes mais autonomia para o uso do mesmo, tanto para o entretenimento, bem como para ensiná-los a se comunicar com o mundo, com a família: ou seja, para que pudessem explorar mais o uso desse equipamento, usufruindo da tecnologia para tornar os dias melhores e mais divertidos.

Empoderamento digital +60

Iniciamos as aulas em maio de 2020, por meio de uma plataforma digital, a mesma usada nas aulas do Supera. Montei um grupo no aplicativo de mensagens para que todas as informações fossem postadas, tais como o link das aulas, os vídeos tutoriais sobre os temas abordados, bem como maiores explicações. Os alunos também podiam tirar dúvidas e dar avisos.

Elegi temas que considerei importantes para que eles pudessem acessar, pelo celular, tais como: aplicativos do Google (*maps, drive*, fotos, e-mail, *lens*); câmera e suas funções, redes sociais e aplicativos de mensagem (WhatsApp, Instagram, Facebook); configurações do aparelho (privacidade, armazenamento, lanterna, wi-fi, modo avião, dados móveis, localização etc.); serviços digitais (Spotify, Netflix) e outros.

As aulas ocorriam uma vez por semana, com duração em torno de duas horas, durante as quais os alunos podiam interagir e tirar dúvidas. Nosso foco era o letramento digital, voltado para o uso eficiente da ferramenta celular, objeto mais utilizado na atualidade e, em especial, no período pandêmico que ainda vivenciamos.

As questões de privacidade e segurança eram as mais importantes a serem contempladas, como levar os alunos a entender sobre a importância de saber escolher entre ter "visto por último" ou "confirmação de leitura", etiqueta digital, armazenamento na nuvem, localização, postagens etc.

Muitas outras funções foram abordadas em meses de aulas, as quais eram planejadas e oferecidas para contribuir para o melhor uso do celular, tornando os alunos idosos mais independentes e seguros para utilizá-lo com clareza. Muitos relataram que dependiam dos filhos e netos para usar os recursos do aparelho e, na maioria das vezes, não aprendiam nada, eram "reféns" da disponibilidade dos familiares. Outro ponto era o medo de explorar as configurações, pois achavam que poderiam danificar ou perder informações, fotos, vídeos etc.

A cada aula, os depoimentos eram incríveis. A maioria do grupo, diria 98%, era de mulheres. Elas sempre davam depoimentos sobre como estavam se sentindo e agradeciam pela oportunidade de aprender, mas muito mais por se sentirem seguras e livres para explorar uma ferramenta que se torna, diariamente, o item mais usado nas tarefas cotidianas. Antes, elas usavam, preferencialmente, um aplicativo de mensagem para enviar áudios, vídeos e textos, "fofocar" nas redes sociais e realizar chamadas. Após as aulas, tornaram-se mulheres seguras ao compartilhar informações no celular e otimizar a capacidade do aparelho sem mais necessidade de trocá-lo porque não tinha mais memória, ou ainda, encontrar itens para comprar, explorar lugares, tais como restaurantes etc. Algumas sentiram muito orgulho em ensinar algumas funções para filhos e netos.

Essa experiência foi a mais incrível que eu já pude viver!

Os trechos de depoimentos a seguir são apenas um recorte do tanto que pude vivenciar ministrando as aulas para elas.

Norma: "Os dias eram menos longos, mais alegres e saudáveis. Eu, que gosto de conversar, usava meu telefone e tinha assunto para comentar sobre minhas aulas, minhas vitórias, meu passar do dia. Pijama e TV, pra mim, não".

Custódia: "(...) para que superássemos o medo de acessar o celular, e termos conhecimento das oportunidades e vantagens das redes sociais (...)".

Sandra: "Não me refiro somente como passar o tempo, e sim como um auxílio para o nosso cérebro num momento difícil e assustador".

Glaucia: "Por você ser uma profissional criativa e proativa, quando percebeu o momento que todos nós estávamos vivendo e da necessidade geral de comunicação, criou as aulas de internet".

Agda: "Acabamos descobrindo o que, realmente, vários desses aplicativos oferecem para incrementar nosso dia a dia".

O mais incrível nessa caminhada, até hoje, é perceber que, ao fazer algo por alguém, sinto tanta satisfação, alegria e gratidão que, às vezes, não cabe no meu peito. Quantas vezes fui às lágrimas, quantas palavras lindas foram ditas, quantas pessoas pude alcançar? Tornar a vida das pessoas melhor, mais leve e mais saudável é o meu propósito. Eu sigo nessa estrada, sempre. Gratidão!

28

QUE TIPO DE MULHER EU DEVO SER?

Esta reflexão narra os dilemas e vicissitudes do universo feminino, assim como sua própria história e o poder gregário das redes de apoio, que auxiliam no resgate da autoestima e sua essência. Expõe o ato de ser uma mulher que transforma mulheres como agentes da própria mudança e força motriz para as demais se empoderarem e ocuparem espaços, realizarem sonhos e expressarem livremente sua genialidade.

TATYANA AZEVEDO

Tatyana Azevedo

Contatos
bit.ly/tatycaspravoce
institutotatycas@gmail.com
Instagram: @tatycaspravoce
Lattes: lattes.cnpq.br/2708045917602939
21 98707 5592

Neuropsicóloga, mestranda em Psicanálise, pós-graduada em *Coaching*, Competências e Negócios, MBA em Gestão de Pessoas e Certificações Internacionais de Excelência pelo Cognitive Behavior Therapy (CBI, Miami), *Ericksonian Hypnosis* (ACT Institute) e *Professional & Self Coaching* (IBC). Principais realizações: primeiro lugar em concurso público, coautoria de livros e artigos, palestrante em eventos de relevância e finalista do Prêmio Ser Humano. Possui experiência clínica e organizacional de 20 anos, agregando várias técnicas terapêuticas em um raio-x emocional, visando liberar as travas que atrapalham a expressão da luz interior e do sucesso. Ultimamente, atua como psicóloga na Universidade Federal Fluminense, é professora de pós-graduação na Faculdade Unyleya, coordenadora de negócios/conselheira na ONG Internacional BPW-RJ e realiza atendimentos particulares voltados para educação emocional, carreira e felicidade, com o propósito de ajudar pessoas a terem mais bem-estar, saúde mental, resultados e realizar sonhos.

São muitos os arquétipos atribuídos à mulher: mãe, amante, donzela, mística, sábia, bela, heroína...

Parecem tantas possibilidades. Mas na prática será que é assim?

Acredito que ser mulher implica ser múltiplas em uma só. A multiplicidade e diversidade nos definem, mas no fim das contas, nós temos três escolhas:

1. ser o que dizem que devemos ser (nos submeter ao que é dado);
2. ser quem podemos ser (o que temos condição de expressar em meio ao contexto);
3. ser o que desejamos ser (expressar nossa essência e explorar nosso potencial interno).

Não creio em um ponto fixo, mas em que transitamos ao longo da nossa história para nos autoempoderar e construir um alicerce sólido para sustentar mudanças e desafios vindouros.

Empodere-se com a sua jornada

A minha história começa ao revisitar meu próprio passado, não foi por acaso que tomei a decisão de atuar na transformação de realidades e ajudar as pessoas a serem mais felizes e prósperas.

Eu mesma precisei passar por muitos desafios e mudanças no processo de tornar-me uma mulher que transforma mulheres.

Tive como referência minha própria mãe, mulher forte e que, com garra, fez o necessário não só pela nossa sobrevivência, mas por criar em mim a mentalidade de que poderia ser mais, que os limites existiam, mas que, por meio de estudo e ações, poderiam ser superados.

Seria enganoso dizer que o processo de mudança é fácil, mas com certeza é possível se você estiver disposta a pagar o preço. E isso não tem necessariamente caráter financeiro, talvez possam custar bem mais, exatamente aquelas coisas que o dinheiro não compra. Só não sacrifique seus valores essenciais, posso afirmar que isso não vale a pena.

Ser mulher tem, no ideal coletivo, um padrão de comportamento implícito. Qualquer tentativa de se consolidar de forma diferente traz conflitos, angústias e sentimentos de inadequação.

A sociedade está mudando, mas o ideal do patriarcado vem sendo substituído por outras condutas limitadoras: julgamentos, cancelamentos, definições estéticas e de novos padrões de comportamentos.

Como bem explicitou Clarissa Estés, ao longo dos séculos, observamos a pilhagem, a redução do espaço e o esmagamento da natureza instintiva feminina.

Com todos os avanços e as ações visando ao empoderamento, ainda há um longo caminho a se trilhar.

Eu senti na pele e doer na carne o dilema de ser mulher, ousar ser quem acredito que sou e fazer o que meu coração acredita que seja minha missão de vida.

Iniciei minha carreira na escola técnica, escolha ousada de uma menina que sabia que o estudo seria o caminho para me levar para o futuro que eu almejava. Não foram as barreiras que me fizeram mudar a rota, mas um chamado muito maior do propósito da minha alma. Não escolhi a Psicologia, ela me escolheu.

E nesse refazer da minha trajetória, a maternidade veio tornar as coisas mais desafiadoras. Não foi fácil ser uma mulher jovem, tentando equilibrar os vários papéis que a gente desempenha na vida: profissional: mãe, filha, esposa, amiga, estudante, dona de casa e todos mais que viessem.

A vida corporativa não facilita a vida para nós, principalmente as mães. Preconceitos, desrespeito, assédio, desvalorização e oportunidades limitadas são lugares-comuns.

Pude fazer a diferença para muitas, dentro das empresas, de forma privada no consultório e em mentorias de carreira. Nesse caminho para me encontrar, ajudei muitas outras a se enxergarem também, por meio do método que eu chamo de "raio-x emocional". Buscar ser e não apenas existir, tornar-se potência.

Encontrei no voluntariado um lugar de conexão e uma rede de apoio formada por muitas mulheres que praticam a sororidade e ações sociais coletivas. Um lugar para participar de debates que visam potencializar a conscientização civil sobre direitos e um papel social que não transforme à força nossos ciclos naturais em ritmos artificiais impostos com a função de agradar os demais e drenar toda a nossa vitalidade e essência.

Esse foi o passo essencial para me empoderar e iniciar um movimento de transformação social, a Mentoria Empreenda Mulher!

Essa mentoria de negócios e empreendedorismo feminino visa articular e criar ações concretas voltadas ao empreendedorismo, à ampliação de negócios, à aquisição de autonomia econômica e superação das dificuldades vivenciadas pelas empresárias a fim de promover sustentabilidade nos negócios e uma maior participação econômica na sociedade.

Foi muito importante criar esse celeiro de lideranças femininas independente de raças e credos, aprimorando o empreendedorismo e o apoio para desafios de negócios.

E na prática clínica, podemos olhar para a própria essência feminina, tecer quem somos e desvendar os emaranhados, as dores, cores e sabores de ser quem se é...

Dilemas femininos

> *A mulher moderna é um borrão de atividade.*
> *Ela sofre pressões no sentido de ser tudo para todos.*
> *A velha sabedoria há muito não se manifesta.*
> MAUREEN MURDOCK

São crescentes, na sociedade brasileira, a consolidação e o reconhecimento do papel da mulher dentro das famílias, no mercado de trabalho e na sociedade; mas na prática, há diversos desafios a serem superados de várias naturezas.

Podemos considerar a verdadeira jornada de uma heroína toda essa trajetória de fazer e refazer-se em busca de se reconectar com sua psique feminina e alcançar a integralidade.

A busca da perfeição e a pressão para ser e fazer tudo para todos muitas vezes traz um peso incapacitante.

Ainda em tempos atuais, nos deparamos com mulheres que são infantilizadas, desautorizadas e tratadas como propriedade. Feminicídios e violência doméstica ainda são um lugar-comum.

Excesso de exigências, necessidade de adequação aos valores sociais e padrões androcêntricos, relacionamentos tóxicos e abusivos têm um ponto em comum na repressão, que pode ser explícita ou velada. Entretanto, mesmo com tudo isso, existe um lugar onde pensamentos e sentimentos ocultos são naturais e estão esperando uma pequena abertura para escapar.

Mas por que deixar isso tudo retido em uma espécie de "caixa de pandora"? Ser fiel a si mesma não pressupõe se desestruturar, pelo contrário. Falar e agir em defesa de si é essencial. Não é tolice.

Como diria Lulu Santos, nos versos de sua música "O Último Romântico":

> Tolice é viver a vida assim
> Sem aventura
> Deixa ser
> Pelo coração
> Se é loucura então
> Melhor não ter razão.

Psicologia da mulher

> A perfeição... às vezes, é a nossa pior inimiga. Tentei ser perfeita certa vez. Decidi simplesmente tentar ser melhor. Descobri uma boa maneira de começar, que é aceitando ser quem você é.
> Mulher-Maravilha.
> (LANGLEY E WOOD., 2018, p. 211)

A genialidade feminina sempre vem associada ao controverso, ao inconformismo e ao que transborda personalidade.

Nesse percurso árduo na busca de equilíbrio e reconexão com o eu interior, a clínica feminina vem com uma proposta de libertar as mulheres não só da cultura do corpo, mas também de liberá-las de suas cintas e de ser reféns da lógica da "beleza". Proponho aqui o fim da negligência consigo próprias, soterradas que somos pelo excesso de domesticação da nossa cultura (ou será "docilização"?).

Não é à toa que existe um discurso comum de que a mulher deve ser dócil, e que nada mais é do que se submeter a alguém ou a algo, sem oferecer resistência. É isso que acontece quando nos permitimos ser silenciadas, desmerecidas e contidas.

Quantas vezes atuei em relações destrutivas, relacionamentos de casais em desajuste e crises existenciais de várias naturezas. Também já atendi minhas pacientes em horários já avançados, porque era o único momento que ousavam tomar para si. E tantas outras mães-solo cujos filhos, vez ou outra, deram o ar da graça durante as sessões. Sim, o on-line permitiu um tempo para olhar para si, ainda que eventualmente existissem interrupções.

Olhar para si e para o que é essencial na vida é imperativo, não dá para deixar para depois, pois existem sintomas e comportamentos disfuncionais ligados a uma vida sem espontaneidade e mediada por uma máscara.

Esses sintomas e comportamentos, aridez, fadiga, fragilidade, depressão, ansiedade, angústia, confusão e falta de estímulo, têm um terreno fértil. Esse é o ponto de partida para sentir-se impotente, insegura, hesitante, incapaz de realizações e sem expressão. Seguindo nesse caminho tortuoso, escolhem-se parceiros, empregos ou amizades que esgotam a energia, passa-se a curvar-se ou diminuir-se perante aos demais, tem-se receio de se aventurar ou revelar-se, sofrendo por viver em desacordo com os próprios ciclos e valores.

> *Quando nós, mulheres, aprendemos a agradar, nós nos esquecemos de quem somos. Quando nós nos perdemos, o mundo se perde.*
> GLENNON DOYLE

Em tempos atuais, a submissão dos tempos passados vem sendo substituída pelo arquétipo da guerreira, que é tão nocivo quanto o da heroína, porque pressupõe suportar tudo e a complexidade moral de carregar em si a responsabilidade pelo destino de tudo.

Posso dizer com conhecimento de causa que é possível viver uma vida natural e sem pesos desnecessários, mantendo sua integridade nata e limites saudáveis. A psicoterapia e o cuidado de si restauram a autoestima e a vitalidade esvaída, sendo o equilíbrio emocional e de múltiplas identidades suas bases de sustentação.

Aproximar-se de si e da sua essência feminina não tem nada de loucura, descontrole ou perda das socializações básicas. Pelo contrário, é tornar-se integrada. É ser embaixadora da paz, inclusive a própria paz de espírito.

Há uma voz que anseia, e quando é contida, continua ecoando por meio da somatização, do adoecimento e do sofrimento.

A cura da dor e das feridas deixadas por uma vida incongruente e atendimento a valores alheios aos seus é a via de escape de suas angústias, o que permite enveredar-se pelas tramas da criatividade, da arte e da criação.

Toda mulher carrega consigo os elementos para sua cura interior e florescimento, tem em si mesma tudo que precisa ser e saber, basta encontrar.

Mulheres poderosas

> *A heroína de hoje precisa usar a espada do discernimento para cortar os laços do ego que aprisionam ao passado e, assim, descobrir o que é relevante ao propósito de sua alma.*
> CLARISSA ESTÉS

A ONU é uma das bases conceituais e de princípios para a definição de ações de empoderamento feminino. Mas considero estes os principais aspectos para ampliação do movimento e um discurso positivo de equidade:

- Promover igualdade de oportunidade e inclusão com uma atuação das mulheres de forma justa no trabalho e liderança corporativa de alto nível para a igualdade entre gêneros, a fim de respeitar e apoiar os direitos humanos e a não discriminação.
- Assegurar a saúde, a segurança e o bem-estar de todos indistintamente.
- Promover a educação, a formação e o desenvolvimento profissional e o livre acesso à informação para as mulheres.
- Implementar o desenvolvimento de práticas empresariais que empoderem e deem oportunidades às mulheres.
- Promover a igualdade por meio de iniciativas comunitárias, de engajamento e de defesa.

É consenso que todos setores da economia devem contribuir nesse sentido, mas também temos que reconhecer o valor da formação de redes para apoio e crescimento mútuos.

Proponho, por meio dessa reflexão, um modelo de mulher que reconhece sua força e poder, que se envolve em processos de autoconhecimento e mudança de paradigmas.

Além disso, a maturidade e o desenvolvimento emocional têm nos brindado com o florescimento de vidas criativas que conduzem as mulheres para mais longe, na direção do próprio conhecimento e da essência de si.

Neste caminho sem volta, conseguimos delimitar territórios, encontrar a nossa rede de apoio e criar a confiança para dizer e fazer o que for necessário, nos relacionar de forma positiva com o nosso corpo, adequar aos próprios ciclos, estar alerta, pulsante e consciente, recorrendo à intuição inata ao ser feminino.

Lembre-se de que você não precisa ser nenhuma Mulher-Maravilha para fazer a diferença no mundo, basta acreditar em si mesma. Uma mulher confiante não internaliza sem reflexão o que o mundo exige. Percebe que esse é só mais um padrão irreal e tem ciência de que também é superpoderosa por assumir quem é e, assim, pode ser uma "mulher que transforma mulheres", criando um incessante movimento de contágio social.

Você pode escolher que tipo de mulher você quer ser: silenciada ou aquela que transforma o mundo pela expressão da sua voz.

De que tipo você é?

Referências

DOYLE, G. *Indomável*. Rio de Janeiro: Haper Collins, 2020.

ESTÉS, C. *Mulheres que correm com os lobos*. Rio de Janeiro: Rocco, 2018.

KRISTEVA, J. *O gênio feminino*. Rio de Janeiro: Rocco, 2002.

LANGLEY; WOOD. *A psicologia da Mulher-Maravilha*. São Paulo: Única, 2018.

MURDOCK, M. *A jornada da heroína*. Rio de Janeiro: Sextante, 2022.

ROSETTI, D. *Ellas*. Buenos Aires: Planeta, 2019.

O presente capítulo conta brevemente a história de uma mulher que, ao longo da sua vida, desejou uma família, uma profissão que fizesse os seus olhos brilharem, e buscava uma ESTRATÉGIA para a vida e os negócios. Porém, isso só foi possível quando descobriu o poder dos toques de mágica, até se tornar a fada-madrinha das Mães Empreendedoras.

VANESSA MONNERAT

Vanessa Monnerat

Contatos
www.vanessamonnerat.com.br
contato@vanessamonnerat.com.br
31 99141 8913

Uma criança, uma adolescente e uma adulta que sempre lidou da pior maneira com a ansiedade e outros sentimentos capazes de desequilibrar os seus quatro corpos: o físico, o mental, o emocional e o espiritual. O teatro sempre foi uma das paixões, desde a infância, mas os desafios da vida adulta fizeram-na escolher uma profissão que "desse dinheiro". Nutricionista com especialização em Nutrição Esportiva e docência do ensino superior, formada em Gastronomia nacional e internacional, após o diagnóstico de *burnout*, descobriu o universo do autoconhecimento. *Coach* de saúde integrativa e sistêmica, *master coach* de emagrecimento consciente, *practitioner* de PNL, gestora de estratégias digitais e especialista em sono e rotina do bebê, é idealizadora do Método Um Toque de Mágica em sua Vida e Negócios.

> *Tudo o que acontece no universo tem uma razão de ser; um objeti-*
> *vo. Nós, como seres humanos, temos uma só lição na vida: seguir em*
> *frente e ter a certeza de que, apesar de às vezes estar no escuro, o sol*
> *vai voltar a brilhar.*
> SANTA DULCE DOS POBRES

Um toque de mágica pode melhorar as estratégias da sua vida e do seu negócio.

Uma FADA-MADRINHA aparece à sua frente, com uma varinha, e você tem o direito de fazer três pedidos.

Meus pedidos eram claros: eu desejo uma família, uma profissão que faça meus olhos brilharem e uma ESTRATÉGIA para melhorar a minha VIDA e os meus NEGÓCIOS.

Era tudo do que eu precisava na minha vida, há dez anos, até descobrir que essa FADA-MADRINHA que eu tanto procurava era eu mesma.

Eu poderia contar a você várias coisas desde a minha infância, adolescência e vida adulta, mas consigo resumir todas essas fases em alguns sentimentos: ansiedade, depressão, não aceitação e baixa autoestima.

Todos esses sentimentos, além de me atrapalhar na realização de qualquer tarefa, me tornaram, ao longo dos anos, obesa (que tentei solucionar com a cirurgia bariátrica), produziram vários cálculos renais, me fizeram ter síndrome do pânico e depressão, porém, um diagnóstico fez mudar o rumo da minha vida.

E o que isso tem a ver com o tal pedido para a FADA-MADRINHA?

Dentro do meu mundo, eu tinha sede de querer fazer tudo ao mesmo tempo. E por não ter uma ESTRATÉGIA clara, desalinhei os meus quatro corpos: o físico, o mental, o emocional e o espiritual.

Sou nutricionista e chefe de cozinha. Fui contratada como gerente de produção de um bufê. Tinha encontrado o emprego dos sonhos.

No início, tudo eram flores, mas, ao longo dos oito meses e sem a capacidade de dizer "não" para os outros, entrei em uma jornada de trabalho exaustiva.

Começava às quatro da manhã, pulava refeições, trabalhava até as nove da noite e queria aproveitar meu corpo magro em baladas. As noites de sono se resumiam a duas horas, quando existiam, porque, por muitas vezes, eu não conseguia dormir e já tinha que sair para o trabalho de novo.

Foi assim que meu corpo pediu para parar de uma forma diferente. Ele apagou. Tive uma sequência de cinco desmaios em frente à máquina de coxinha.

Acordei no pronto-atendimento, levada pelo meu irmão Rodrigo, que trabalhava comigo. Do caminho, eu me lembro de *flashes*, entre um apagão e outro, ouvi-o falando:

— Maninha, não me abandona.

Quando acordei, estava em frente a um médico que não me conhecia e, mesmo assim, perguntou:

— Você se ama?

E eu respondi meio atordoada:

— Claro que sim!

E ele retrucou:

— Não parece! Seu corpo está dando sinais claros de que você precisa desacelerar e você não está escutando.

Saí de lá com um atestado de quatro dias, encaminhamento para psicólogo e psiquiatra, remédio para dormir e um diagnóstico CID 10 – Z73.

Se você não entende nada do Código Internacional de Doenças (CID 10), explico: esse código refere-se a problemas relacionados com a organização de seu modo de vida, hoje conhecida como *burnout*.

Quando eu li o atestado, um filme passou pela minha cabeça. A desorganização do meu modo de vida vinha desde a infância. E agora? Como lidar com isso?

Se eu não parar, eu morro, e aí?

Os quatro dias que se seguiram ao diagnóstico foram de grandes descobertas.

Uma intuição despertou em mim a necessidade de traçar ESTRATÉGIAS que, realmente, melhorariam a minha vida.

Decidi, então, dar uma volta, fazer uma coisa que não fazia há muito tempo: chamei meu pai, Armandinho, e fomos ao zoológico.

A primeira estratégia era me desconectar do celular, que era uma extensão do meu braço.

Larguei o celular no carro e, durante duas horas, ficamos andando na grama, descalços, dando risada, vendo os bichos, vivendo momentos que estavam guardados em uma caixinha lá dentro das memórias da minha infância, de que eu já nem lembrava mais.

Foram momentos mágicos. Sentir a umidade da terra nos meus pés, o vento no rosto, respirar ar puro, brincar e correr e ter colo de pai. Sensações e sentimentos tão genuínos que, se você não se lembra deles, pare esta leitura e vá revivê-los. Fazer isso pode ser uma coisa boba, mas é a melhor estratégia para se conectar à sua criança interior.

Em outro dia, eu sentei ao lado da minha mãe, Diana Mára, e fomos costurar. Mexendo com as mãos para esvaziar a cabeça, ficamos horas cortando, alinhavando e gargalhando.

Colo de mãe também foi fundamental para lembrar que o amor sempre esteve ali, e assim resgatei minha ancestralidade feminina.

Depois, fui buscar a mim mesma. Saí sozinha, sem rumo e cheguei à Praça do Papa, o lugar de onde se vê quase toda Belo Horizonte-BH, uma vista maravilhosa!

Sentei-me e fui ouvir o que meu corpo queria dizer para mim. Percebi o quão pequena eu era perante o mundo, mas senti uma paz que, há muito tempo, eu não sentia.

O sopro de Deus no meu rosto me dizia que minha vida estava prestes a mudar, mas eu ainda não sabia como, nem o quanto nem para onde.

Uma coisa era certa: eu precisava de ajuda. Fui ao psiquiatra e, além do remédio para dormir, ele indicou um ansiolítico, que, naquele momento, foi a melhor muleta. Também me encaminhou a um psicólogo para fazer terapia. E lá fui eu, me encontrar comigo mesma em frente a outra pessoa. Só consegui agendar para o dia seguinte, no meu horário de almoço, mas deu certo.

Cheguei ao consultório no horário marcado e nós começamos a conversar. Escolhi um psicólogo que era também um grande amigo. E por que essa escolha? Porque eu sabia que ele não só escutaria, "jogaria na minha cara" muita coisa que eu precisava mudar.

E foi exatamente isso o que aconteceu, eu relatei tudo o que estava vivendo, e ele falou:

– Nenhuma novidade até aqui. Desde sempre você se sobrecarrega com as coisas dos outros, não consegue dizer "não" para as pessoas, não olha para si, realmente parece que não se ama!

Foi, então, que ele me fez a pergunta do xeque-mate:

– O que te impede de mudar a sua vida agora?

Respondi:

– CORAGEM.

Ele pegou um pedaço de papel, escreveu uma coisa e me entregou. Eu abri o papel e estava escrito: CORAGEM.

Ele disse:

– Pronto! Coragem você já tem. Vai lá e resolve o que precisa ser resolvido.

Eu saí do consultório aos prantos, entrei no carro e voltei para o bufê. Sentei à minha mesa e redigi a minha carta de demissão.

Entreguei a carta e ouvi a seguinte frase da dona do bufê:

– Você não pode fazer isso comigo.

Respirei fundo e respondi:

– Nem você, nem eu podemos fazer isso comigo!

Naquele dia, eu aprendi, na marra, a usar a estratégia de dizer "não". Passei a trabalhar das oito da manhã às cinco da tarde, com o horário de almoço certinho. No tempo em que eu estive lá, fui treinando alguém para o meu lugar. Saí do bufê no dia 31 de dezembro.

No dia 2 de janeiro, peguei meu pai e minha mãe, os quatro cachorrinhos e fomos para nosso refúgio em Praia Grande, sem data para voltar para Belo Horizonte. Passamos três meses na praia.

Tive altos e baixos emocionais, conflitos internos e externos, até que percebi que não me conhecia realmente. Eu precisava identificar o que me movia, quais os meus sonhos, o que eu pretendia ser dali para frente.

Naquele momento, iniciei o resgate da minha fé, passei a ir à missa todos os dias; mesmo sem saber direito o que o padre estava falando, era um momento para ouvir o que Deus tinha para me falar.

Em um desses momentos, escutando a mim mesma, me sentei de frente para o mar e pedi a Deus que colocasse em minha vida uma pessoa que me transbordasse.

Escrevi em um papel todas as características que eu queria para essa pessoa: carinhosa, bondosa, que me amasse, que tivesse sua fé fortalecida, trabalhadora, com os valores de família em alta conta, como eu, que estivesse ao meu lado em todas as decisões.

Passados alguns dias, essa resposta veio.

Em uma foto totalmente aleatória no meu Facebook, veio um comentário: "Gostei demais!".

Era de um rapaz que, pela foto, parecia bonito; tínhamos vários amigos em comum, mas eu não me lembrava de conhecê-lo. Seu nome: Júlio.

Despertou em mim uma curiosidade e começamos a conversar. Depois de horas ao telefone, identificamos muitos pontos em comum, algumas divergências, mas o desejo gigantesco de dar certo.

Algumas semanas se passaram e, quando retornamos para BH, passamos em Aparecida, e eu pedi a Nossa Senhora Aparecida uma luz sobre o que deveria fazer.

A resposta foi: siga seu coração.

Cheguei a BH, encontrei o Julinho e não nos desgrudamos mais. Namoramos, noivamos, fomos morar juntos e hoje é meu companheiro de jornada, marido, amor da minha vida e pai da nossa Helena.

Nesse intervalo de tempo, iniciei um processo de autoconhecimento gigantesco. Descobri que um dos meus maiores valores é ajudar ao próximo, percebi que poderia fazer isso aprendendo novas habilidades. Estudei *Coaching*, Programação Neurolinguística, Saúde Integrativa, Produtividade e fui buscar os meus primeiros clientes.

Durante os atendimentos, eu REALMENTE descobri como o poder de uma ESTRATÉGIA pode melhorar vidas e negócios.

Todas as minhas clientes tinham os mesmos problemas: não conseguiam organizar a própria vida. Foi aí que a minha história começou a se cruzar com a delas.

A rotina dos atendimentos, associada a uma mentoria de negócios com a Rafaela Generoso, me ajudou na estruturação de um método para organizar vidas.

A Deuscidência e a Lei da Atração fizeram com que várias mães empreendedoras cruzassem o meu caminho, buscando essa organização e, assim, eu pude validar meu método. Chamo de Deuscidência porque coincidência não existe, tudo é obra de DEUS.

Todos os depoimentos continham as expressões: "Nossa! Mas você conseguiu mudar a minha vida como num toque de mágica!", "Parece uma FADA-MADRINHA!".

Foi nesse momento que nasceu a FADA-MADRINHA DAS MÃES EMPREENDEDORAS. Apelidei cada etapa do método com o termo "toque de mágica".

O toque de mágica inicial é ENTENDER que nossa vida precisa de rotina e previsibilidade.

O toque de mágica das PRIORIDADES é importante para definir as atividades que vamos desenvolver. Elas podem ser diárias, semanais, mensais e vão orientar o rumo a seguir.

O toque de mágica da ROTINA acontece quando determinamos blocos de horários que vamos usar para realizar as tarefas alinhadas à prioridade.

O toque de mágica da PREVISIBILIDADE nos permite classificar as tarefas do dia como: importantes (as que têm prazo definido para realização), as urgentes (que eram importantes e não foram feitas a tempo por algum motivo) e as circunstanciais (que estão relacionadas aos objetivos dos outros).

O toque de mágica da LIBERDADE é aprender a falar "NÃO!".

O toque de mágica da PRODUTIVIDADE é usar a tecnologia a nosso favor na realização das tarefas.

E o principal toque de mágica é aplicar isso tudo sem pirar.

Mas há uma coisa que preciso que você entenda: esse toque de mágica só é possível com autoconhecimento e autorresponsabilidade.

Uma lacuna se abriu entre a minha vida e a das minhas clientes: eu não era MÃE.

Depois de muitos exames e investigações, veio o diagnóstico: casal com dificuldade de engravidar.

Banho de água fria? Claro que não! Fomos buscar ajuda, tratamento, terapia, organizar tudo. É um sonho? Temos que alcançá-lo.

Mais uma vez, tracei uma ESTRATÉGIA, só que agora em parceria com o meu companheiro de jornada

Iniciei o tratamento para a Fertilização *in vitro* (FIV) e, com toda a bagagem de inteligência emocional adquirida ao longo desses anos, conseguimos fazer a diferença.

A ansiedade foi substituída pela calma. As crises de pânico, por momentos de oração. Trabalhei o corpo físico com a alimentação adequada; o emocional, com terapia; o mental, com meditação; e o espiritual, com muita oração. Tudo isso associado à bioenergia para equilibrar tudo. Eliminei todos os medicamentos que eu tomava há sete anos para dormir e ansiolíticos. Organizei a rotina de trabalho.

A FIV foi um sucesso e a gravidez foi supertranquila.

Nasceu nossa pequena Helena e, com ela, a Vanessa mãe. Mesmo com o puerpério sendo um momento delicado para toda a mulher, eu pude vivenciar uma experiência maravilhosa!

Nossa bebê arco-íris veio para nos ensinar muita coisa, principalmente que a vida pode ser muito leve e que um sorriso é capaz de mudar nosso rumo.

Há um tempo, eu já trabalhava como gestora de redes sociais, e essas mães também tinham um grande problema: faltava-lhes ESTRATÉGIA no negócio para que houvesse uma comunicação efetiva entre elas e os clientes.

Assim, associei vida e negócios em uma mentoria: UM TOQUE DE MÁGICA NA VIDA DE MÃES EMPREENDEDORAS.

Um programa individualizado, voltado para a necessidade de cada família, no qual os toques de mágica organizam a ESTRATÉGIA DE VIDA, permitindo alinhar os quatro corpos: físico, mental, emocional e espiritual e a ESTRATÉGIA DIGITAL DO SEU NEGÓCIO, na qual estudamos os objetivos do seu negócio, o DNA do seu cliente, o estudo do seu mercado, a análise do seu cliente dos sonhos, a jornada de compra desse cliente, as linhas editoriais das suas mídias sociais, seu funil de conteúdo, seu calendário editorial, a identidade visual da sua marca e o acompanhamento dos seus resultados.

Assim, os toques de mágica permitem que você trace as estratégias para conciliar os desafios da sua vida, a rotina dos filhos, o seu sono e o sono das crianças, a gestão das suas redes sociais, aumentando, definitivamente, o seu faturamento.

Encerro, aqui, com o desejo de que a minha história, que não tem nada de conto de fadas, mas caminha para um FELIZES PARA SEMPRE, ajude você a refletir sobre o quão poderosa é e como as suas escolhas podem transformar a sua vida.

E, é claro, se você precisar de uma FADA-MADRINHA DE MÃES EMPREENDEDORAS para dar um toque de mágica e melhorar a sua vida e os seus negócios, pode contar comigo e com a minha varinha de condão.

UM TOQUE DE MÁGICA PODE MELHORAR AS ESTRATÉGIAS DA SUA VIDA E DO SEU NEGÓCIO